Парамаханса Йогананда
(1893 – 1952)

Там, где СВЕТ

Вдохновляющее руководство для преодоления жизненных трудностей

Избранные фрагменты из учений

Парамахансы Йогананды

Self-Realization Fellowship

FOUNDED 1920 BY PARAMAHANSA YOGANANDA

В основу этой книги легли фрагменты из учений Парамахансы Йогананды, изначально опубликованные в его книгах, журнале Self-Realization, основанном в 1925 году, а также в других печатных изданиях общества Self-Realization Fellowship. Фрагменты, заимствованные из письменных работ, лекций и неформальных бесед Шри Йогананды, включены в этот сборник с целью создать своего рода карманное духовное руководство, к которому читатель мог бы обращаться за вдохновением и духовным советом. Книга «Там, где свет» впервые вышла в печать в 1988 году, и с тех пор она продолжает находить своего благодарного читателя.

Название англоязычного оригинала, издаваемого обществом *Self-Realization Fellowship*, Лос-Анджелес (Калифорния): *Where There Is Light*

ISBN: 978-0-87612-720-9

Перевод на русский язык: Self-Realization Fellowship

Copyright © 2022 Self-Realization Fellowship

Авторизовано Международным Издательским Советом *Self-Realization Fellowship*

Название общества *Self-Realization Fellowship* и его эмблема, помещенная выше, присутствуют на всех книгах, аудио- и видеозаписях, а также других публикациях SRF, удостоверяя читателя, что он имеет дело с материалами организации, которая основана Парамахансой Йоганандой и передает его учения точно и достоверно.

Первое издание на русском языке, 2022
First edition in Russian, 2022
Издание 2022 года
This printing 2022

ISBN: 978-1-68568-082-4

1600-J7646

Содержание

Духовное наследие
Парамахансы Йогананды

*Полное собрание его сочинений,
лекций и неформальных бесед*

Парамаханса Йогананда основал общество Self-Realization Fellowship[1] в 1920 году с целью распространения своих учений по всему миру и сохранения этих учений в чистоте и целостности для будущих поколений. Плодовитый автор и неутомимый лектор, он создал за время своего пребывания в Америке замечательное и огромное по своему объёму собрание работ, в которых освещаются многочисленные темы на предмет научной йогической медитации, искусства сбалансированной жизни и основополагающего единства всех мировых религий. Сегодня это уникальное и прогрессивное духовное наследие живёт и вдохновляет миллионы искателей истины во всех уголках планеты.

Согласно пожеланиям великого Мастера, в Self-Realization Fellowship идёт непрерывная работа по опубликованию полного собрания сочинений Парамахансы Йогананды. В него входят не только последние издания всех книг, выпущенных ещё при его жизни, но и новые материалы. Среди них — письменные труды Мастера, которые либо не печатались со времени его ухода в 1952 году, либо

---

[1] Букв. «Содружество Самореализации»; произносится как [сэлф риализэйшн феллоушип]; сокр. SRF [эс-эр-эф]. Парамаханса Йогананда объяснил, что название общества означает «союз с Богом через Самореализацию (осознание своего истинного „Я“) и братскую дружбу со всеми искателями Истины».

на протяжении многих лет публиковались отрывочными сериями в журнале *Self-Realization*. Под рубрикой «Полное собрание сочинений Парамахансы Йогананды» будут также представлены сотни его глубоко вдохновляющих лекций и неформальных бесед, записанных, но не опубликованных при его жизни.

Парамаханса Йогананда лично отобрал и обучил близких ему учеников, которые возглавляют Издательский совет Self-Realization Fellowship, и дал им особые указания относительно подготовки и публикации его лекций, сочинений и *Уроков Self-Realization Fellowship*. Члены Издательского совета SRF свято чтут заветы любимого Учителя и придерживаются его инструкций, чтобы универсальное учение продолжало жить, сохраняя свою изначальную силу и подлинность.

Название Self-Realization Fellowship и эмблема SRF, помещенная выше, были придуманы Шри Йоганандой как отличительный символ организации, основанной им для распространения его духовного и гуманитарного наследия во всем мире. Они присутствуют на всех книгах, аудио- и видеозаписях, фильмах, а также других публикациях Self-Realization Fellowship, удостоверяя, что читатель имеет дело с материалами организации, которая основана Парамахансой Йоганандой и передает его учение достоверно — так, как он сам хотел бы его представлять.

Self-Realization Fellowship

Предисловие

Шри Дайя Маты,

президента и духовной главы общества
Self-Realization Fellowship/Yogoda Satsanga Society of India в 1955–2010 гг.

В благословенные годы моего духовного обучения[1] у Парамахансы Йогананды я пришла к заключению, что истинную мудрость можно распознать по двум признакам. Во-первых, она пропитывает все наше существо — тело, ум и душу; нашу личную жизнь и наши отношения с родственниками, друзьями и миром. И в то же время все это так просто и естественно, что мы говорим себе: «Да, конечно! Я всегда это знал!» Мы просто пробуждаемся в понимании того, что всегда было с нами. Когда мы переживаем озарение на таком глубоком уровне, истина мгновенно превращается из философии в активное и действенное решение всех наших проблем.

Таковы были истины, которые непрерывно исходили от нашего гуру Парамахансы Йогананды. Это были не теологические абстракции и мудрствования, но практическое выражение той высшей мудрости, которая приносит успех, здоровье, прочное счастье и божественную любовь при любых жизненных обстоятельствах. Хотя все учения Парамахансаджи[2] во всей их глубине и широте охвата занимают многие тома, мы все же с огромным удовольствием

---

[1] Шри Дайя Мата поступила в ашрам Self-Realization Fellowship в 1931 году и на протяжении более двадцати лет получала духовное обучение непосредственно от Парамахансы Йогананды. Согласно его воле, она стала третьим президентом и духовной главой основанного им международного общества и занимала этот пост с 1955 года вплоть до своей кончины в 2010 году.

[2] Составная часть индийских имен и титулов *–джи* обозначает уважение.

представляем в этом сборнике отдельные жемчужины мудрости из его лекций и письменных работ — глубокие истины, переданные ярко, убедительно и кратко. Эти истины возвращают нас к осознанию своего безграничного внутреннего потенциала и подсказывают, в какую сторону идти во времена кризисов и сумятицы.

Именно эту врожденную внутреннюю силу и интуитивное понимание стремился пробудить Парамаханса Йогананда во всех тех, кто хотел у него учиться. Когда в наших личных жизнях или в делах его международного общества возникали проблемы, мы сразу же бежали к нему. Однако часто случалось так, что, прежде чем мы успевали что-либо сказать, он подавал нам знак садиться медитировать. В его присутствии наши умы успокаивались и сосредотачивались на Боге; беспокойство и смятение чувств, вызванные проблемой, полностью растворялись. Иногда он ничего не говорил в ответ на наши вопросы, но, когда мы возвращались к своим делам, наш ум был ясен и что-то внутри нас подсказывало нам правильное решение.

Парамаханса Йогананда дал нам ясное понимание принципов, в соответствии с которыми наши мысли и действия были ведомы мудростью, бесстрашием и верой. Но он не думал за нас. Он настаивал, чтобы мы, посредством углубления сонастроенности с Богом, развивали свое собственное умение интуитивно распознавать и таким образом сами находили правильное решение в любой ситуации.

Я искренне надеюсь, что каждый читатель найдет в слове Парамахансы Йогананды мудрость и вдохновение, с помощью которых можно создавать свой собственный план победы во времена жизненных испытаний. И самое главное: пусть эти истины воодушевят вас на поиск тех внутренних ресурсов силы, радости и любви, которые исходят из наших вечных взаимоотношений с Богом. Ибо в этом исследовании кроется наивысшее удовлетворение, которое может принести нам жизнь.

Дайя Мата

Лос-Анджелес, Калифорния
Декабрь 1988 г.

ВСТУПЛЕНИЕ

«Через кажущуюся пустоту пространства проходит единая Связующая Нить, единая вечная Жизнь, соединяющая все одушевленное и неодушевленное в мироздании; единая волна Жизни, протекающая через все сущее».

— Парамаханса Йогананда

Ход развития мировой цивилизации в наше время внушает оптимизм, и главная тому причина — повсеместно растущее признание единства всей жизни. Самые возвышенные духовные традиции человечества веками учили, что жизнь каждого из нас является неотъемлемой частью единой жизни мироздания. Сегодня к этим традициям присоединяют свой голос «провидцы» наших дней — ученые-физики, которые провозглашают, что самые далекие галактики и мельчайшие частицы нашего тела связаны единой нитью. И когда научные открытия в области физики объединяются с открытиями в биологии, медицине, психологии, экологии и других областях науки, мы обнаруживаем, что находимся на пороге революции в понимании мира — мы начинаем в такой степени понимать всеохватывающее единство и совершенную гармонию, что наше видение самих себя и своего потенциала начинает в корне меняться.

Это новое видение несет нам великую надежду, несмотря на многочисленные кризисы, которые переживает мир сегодня. Мы начинаем видеть, что мы вовсе не жертвы мирового хаоса. Всякого рода физические и психические болезни, проблемы, нарушающие стабильность в семейных отношениях, в экономике и обществе в целом, а также экологические угрозы, — все это возникает из-за отсутствия сонастроенности с гармонией и единством космоса, будь то на личном уровне, социальном, национальном или мировом. Сонастроив свою жизнь с этой вселенской гармонией, мы сможем достичь полного благополучия в своей собственной жизни [1].

Современная эпоха отмечена беспрецедентным количеством теорий и методов для достижения такого благополучия. Медицина, психология и стремительно растущие метафизические подходы — все они предлагают свои специфические пути разрешения наших проблем. Но в этом обильном потоке информации, иногда кажущейся противоречивой, зачастую невозможно увидеть пронизывающий все порядок вещей, который может помочь нам сосредоточить свои усилия на помощи самому себе и другим.

Мы обнаруживаем, что нас не удовлетворяет фрагментарное видение мира и собственных проблем, которое породил век узкой специализации. Нам нужна целостная картина.

Эта целостная картина, открывшаяся в древности основателям великих духовных традиций мира и зафиксированная в наше время учеными, показывает нам, что в основе науки и религии лежат одни и те же универсальные законы, которые управляют всем мирозданием. «Наука разглядывает истину лишь снаружи, — говорил Парамаханса Йогананда, — а метафизик видит истину от самого ее нутра до внешних проявлений. Вот поэтому они и конфликтуют. Но для тех, кто познал Бога и понимает науку так же хорошо, как и метафизики, все одно. Они видят лишь сходство между наукой и религией, потому что они видят целостную картину».

---

[1] «Космические законы, на которых зиждется все мироздание, не отличаются от нравственных законов, управляющих судьбой человека», — писал Парамаханса Йогананда. Вновь и вновь современная наука подтверждает действенность древних индуистских методов, которые настраивают человеческое сознание в унисон с космическими законами, о чем свидетельствует в своем комментарии лауреат Нобелевской премии в области физики, профессор Брайан Джозефсон: «Веданта и Санкхья (системы в индуистской философии, в которых йога является прикладным методом) таят в себе ключ к разгадке законов сознания и мышления, которые как таковые соотносятся с квантовым полем, т. е. с функционированием и распространением частиц на атомном и молекулярном уровнях».

Всю свою жизнь [1] Парамаханса Йогананда показывал людям, как можно превратить интеллектуальную идею гармонии из теории в практику, в личный опыт, применимый к повседневной жизни. В 1920 году он привез из Индии на Запад древнюю йогическую науку медитации [2] и посвятил всю оставшуюся жизнь созданию прочных уз духовного понимания между Востоком и Западом. Он помогал людям всех наций осознавать тот неиссякаемый источник покоя, любви и радости, который живет в каждом человеке.

Книга «Там, где свет» содержит лишь толику учений Парамахансы Йогананды. Разнообразная стилевая окраска ее содержания отражает широкий спектр первоисточников, которые использовались при ее создании. Одни фрагменты были взяты из публичных лекций и уроков, другие — из неформальных бесед в узком кругу учеников и друзей, а дополнительные материалы — из письменных работ Мастера.

Более детальное объяснение духовных принципов, упомянутых в данной книге, можно найти в изданиях, перечисленных на стр. 199. Книга «Там, где свет» будет полезна тем читателям, которые еще не знакомы с философией и духовными идеалами Парамахансы Йогананды. А для всех тех, кто уже стоит на пути к Источнику этого света, данный сборник станет карманным духовным руководством, дарующим вдохновение и проницательность, которые так необходимы в повседневной жизни.

Self-Realization Fellowship

---

[1] См. «Об авторе» на стр. 217.

[2] См. *йога* в Глоссарии.

Там, где
СВЕТ

Глава 1

Наш безграничный потенциал

Когда мы начинаем понимать, *что* на самом деле представляет из себя человек, мы осознаем, что это не просто физический организм. Внутри человека таятся многочисленные силы, которые он использует в большей или меньшей степени для адаптации в этом мире. Но их потенциал неизмеримо превосходит любые представления обычного человека.

❖ ❖ ❖

За светом, горящим в каждой лампочке, скрывается электричество высокого напряжения; за каждой маленькой волной скрывается необъятный океан, ставший бесчисленным множеством волн. И так же с людьми. Бог сотворил каждого человека по образу Своему[1], и каждому из них Он дал свободу. Но вы позабыли Источник своего существа, вы позабыли ни с чем не сравнимую присущую вам силу Бога. Возможности этого мира безграничны, и так же безграничен человеческий потенциал.

❖ ❖ ❖

В каждом человеке выражен великий безграничный Дух. И поскольку вы являетесь проявлением Духа, вы должны предпринять попытку реализовать свой безграничный потенциал.

[1] Быт. 1:27.

❖ ❖ ❖

Ваша сущность важнее любого предмета ваших мечтаний. В вас Бог проявлен так, как Он не проявлен ни в ком другом. Ваше лицо не похоже на другие лица, ваша душа не схожа ни с какой другой душой; вы самодостаточны, потому что в вас таится самое великое сокровище — Бог.

❖ ❖ ❖

Все великие духовные учителя возвещают, что в теле живет бессмертная душа — искра Того, Кто поддерживает саму жизнь.

❖ ❖ ❖

Где берет свое начало наша истинная, внутренняя личность? В Боге. Он есть Абсолютное Сознание, Абсолютное Бытие и Абсолютное Блаженство. Обратившись внутрь себя, вы сможете прямо и непосредственно почувствовать небесное блаженство своей души — как внутри, так и вовне. Если вы сможете укрепиться в этом сознании, ваша внешняя личность разовьется и вы обретете личный магнетизм. Душа сотворена по образу и подобию Бога; укрепившись в сознании души, вы начнете отражать Его красоту и благость. Это и есть ваша истинная личность. Все другие характерные для вас качества — это своего рода пересаженные ткани; они не настоящий «вы».

❖ ❖ ❖

Проанализируйте себя: некое внутреннее чувство то и дело побуждает вас искать «что-то еще»; вам все время кажется, что в вашей жизни чего-то не хватает. В глубине каждого человеческого существа кроется потребность чего-то достичь. Почему? Потому что мы отделились от своего Отца. Мы сбежали из своего вечного дома в Господе и теперь жаждем вновь обрести утраченное совершенство.

❖ ❖ ❖

Душа абсолютно совершенна, но, когда она отождествлена с телом и выражает себя как эго[1], ее образ искажается человеческими недостатками. Йога учит нас познавать божественную природу самих себя и других. Посредством йогической медитации мы можем познать, что мы — боги[2].

❖ ❖ ❖

Отражение луны нельзя четко увидеть в подернутой рябью воде; но, когда поверхность воды спокойна, луна в ней отражается как в зеркале. Точно то же происходит и с умом. Когда вы спокойны, вы можете ясно видеть лунное лицо своей души. Будучи душой, мы есть отражение Бога. Когда с помощью определенной техники медитации[3] мы очищаем озеро своего ума от всех беспокойных мыслей, мы зрим свою душу, совершенное отражение Духа, и осознаем, что душа и Бог — Единое Целое.

❖ ❖ ❖

---

[1] См. *эгоизм* в глоссарии.

[2] «Я сказал: вы — боги, и сыны Всевышнего — все вы» (Пс. 81:6). «Не написано ли в законе вашем: „Я сказал: вы — боги“?» (Ин. 10:34).

[3] «Остановитесь и познайте, что Я — Бог» (Пс. 45:11). Научные техники йогической медитации, которым обучал Парамаханса Йогананда и с помощью которых человек способен глубоко концентрироваться и воспринимать Божье присутствие внутри себя, представлены в серии всеобъемлющих уроков для домашнего обучения, составленной из лекций и других работ Парамахансы Йогананды. См. *Уроки SRF* в глоссарии.

Самореализация[1] — это знание телом, умом и душой, что мы едины с вездесущностью Бога и нам не нужно молиться о ней; что она не просто рядом с нами в каждый миг нашей жизни, но что вездесущность Бога — это наша собственная вездесущность и мы сейчас — такая же частица Бога, какой будем всегда. Нам нужно лишь усовершенствовать это знание.

❖ ❖ ❖

Направьте все свое внимание внутрь себя[2], и вы почувствуете новую уверенность, новый прилив сил, новый покой — в теле, уме и духе. Проникаясь Богом, вы меняете свой статус со смертного существа на существо бессмертное. Все сковывающие вас цепи в итоге падут.

❖ ❖ ❖

В глубинах вашего существа кроется могучая сила, которую вам еще только предстоит обнаружить. Вы используете эту силу бессознательно во всей своей деятельности, достигая определенных результатов. Но если вы научитесь сознательно управлять этой внутренней силой и использовать ее, вы сможете добиться намного большего.

❖ ❖ ❖

Лишь немногие в этом мире развивают потенциал тела, ума и души. Большинство людей — жертвы своего прошлого. Они бредут по жизни на поводу у своих вредных привычек и,

---

[1] См. «*Я*» в глоссарии.

[2] «И не скажут: „вот, оно здесь", или: „вот, там". Ибо вот, Царствие Божие внутрь вас есть» (Лк. 17:21).

беспомощно склоняясь под их влиянием, повторяют одно и то же: «У меня нервы не в порядке»; «Я слабое человеческое существо»; «Я грешник» и тому подобное.

Каждый человек решает сам, будет ли он разрубать мечом мудрости цепи своего рабства или же оставаться в неволе.

❖ ❖ ❖

Продолжать быть беспомощным — значит заниматься самообманом. Если вы говорите: «Ничто не поможет», так оно и будет. Это заблуждение — думать, что вы не можете измениться.

❖ ❖ ❖

Наши малые умы — часть всемогущего Божьего разума. Под волнами нашего сознания простирается безграничный океан Его сознания. Но когда волна забывает, что она часть Океана, она теряет связь с океанской силой. В результате этого жизненные испытания и ограничения материального мира ослабляют наши умы, и они уже не выполняют свою работу. Но если вы уберете вами же возведенные мысленные барьеры, вы будете удивлены, как многое ум может сделать для вас.

❖ ❖ ❖

Зачем ограничивать свои возможности, следуя пословице «Не откусывай больше того, что сможешь прожевать»? Я считаю, что вы должны откусывать больше, чем можете прожевать, — а затем уже жевать и пережевывать!

❖ ❖ ❖

Наш ум подобен эластичной ленте. Чем больше ее тянешь, тем больше она растягивается. Эластичный ум никогда не порвется. Когда вы чувствуете, что вас ограничивают какие-то барьеры, закройте глаза и скажите себе: «Я — Бесконечность», и тогда вы увидите, какой силой обладаете.

❖ ❖ ❖

Когда вы мне говорите, что не можете сделать то и не можете сделать это, я вам не верю. Когда вы принимаете твердое решение что-то сделать, вы в силах это сделать. Бог — это совокупность всего сущего, и Его образ пребывает внутри вас. Он может все, поэтому и вы сможете все — если научитесь отождествлять себя с Его неисчерпаемой сущностью.

❖ ❖ ❖

Не считайте себя слабым смертным. Колоссальное количество энергии сокрыто в вашем мозгу; в одном лишь грамме плоти ее достаточно, чтобы снабжать энергией весь Чикаго в течение двух дней [1]. И вы все еще говорите, что устали?

❖ ❖ ❖

Бог создал нас ангелами энергии, заключенными в твердую материю. Мы — ток жизни, светящийся в лампочке нашей физической оболочки. Но из-за того, что мы сосредотачиваемся на хрупкости и тонкости этой оболочки, мы теряем ощущение бессмертия и неразрушимости, которые

---

[1] Еще задолго до того, как современная физика доказала равнозначность материи и энергии, мудрецы Древней Индии заявляли о том, что любая материальная форма по сути есть энергия и может быть возвращена в свое изначальное состояние. См. *прана* в глоссарии.

присущи жизненной энергии, текущей внутри постоянно изменяющейся плоти.

❖ ❖ ❖

Когда вы выходите за пределы осознания этого мира, вы постигаете, что вы не тело и не ум, и в то же время осознаете — как никогда раньше — что вы существуете. Вот это божественное сознание и есть то, чем вы являетесь на самом деле. Вы есть То, в чем берет начало все сущее.

❖ ❖ ❖

Если бы вы только знали, что все вы — боги. За волной вашего сознания — океан Божьего Присутствия. Вы должны обратить свой взор внутрь себя. Не сосредотачивайтесь на маленькой волне тела и его слабостях — смотрите на то, что скрывается за ними. Вознесясь сознанием над своим телом и его пятью чувствами, вы обнаружите, что оказались в сфере [сознания], наполненной великой радостью и блаженством, зажигающим звезды и наделяющим ветра и штормы могучей силой. Бог — источник всех наших радостей и всех проявлений природы.

Пробудитесь от неведения! Вы закрыли глаза во сне иллюзии[1]. Проснитесь! Откройте свои глаза и узрите славу Божью — нескончаемый, негасимый Свет Господа, простирающийся над всем сущим. Я призываю вас быть божественными реалистами: в Боге вы найдете ответы на все вопросы.

---

[1] См. *майя* в глоссарии.

———◆•◆———

АФФИРМАЦИИ[1]

Я погружен в Свет Вечности. Он пронизывает каждую частицу моего существа. Я живу в этом Свете. Божественный Дух наполняет меня. Божественный Дух окружает меня.

❖ ❖ ❖

О Небесный Отец, смети все барьеры перед крохотной волной моей жизни, дабы я смог соединиться с океаном Твоей вездесущности.

---

[1] См. инструкции по использованию аффирмаций (позитивных утверждений) на стр. 41.

Глава 2

Будьте сильными во времена испытаний

Все созданное Богом предназначается для того, чтобы испытать нас и явить сокрытое в нас бессмертие души. В этом и заключается великое приключение жизни и единственная ее цель. Каждый человек переживает это приключение по-своему. Вы должны быть готовы бороться с проблемами здоровья, ума и души с помощью здравого смысла и веры в Бога, зная, что в жизни и смерти ваша душа остается непобедимой.

❖ ❖ ❖

Никогда не позволяйте жизни одерживать над вами победу. Это вы должны побеждать жизнь! Если вы разовьете сильную волю, вы преодолеете все трудности. Даже во времена тяжелых испытаний говорите себе: «Я и опасность были рождены вместе, и я намного опаснее самой опасности!» Это истина, которую вы должны запомнить навсегда. Испытайте ее на себе, и вы поймете, что она работает. Не раболепствуйте перед лицом проблем! Помните: вы — Божье дитя!

❖ ❖ ❖

Многие люди боятся жизненных проблем. Я же никогда их не боялся, потому что всегда молился: «Господи, да умножится во мне сила Твоя! Удерживай во мне позитивное мышление, дабы с Твоей помощью я смог преодолеть все трудности».

❖ ❖ ❖

Вы сотворены по образу и подобию Божьему. Вы обманываете себя, если верите, что ваши испытания сильнее вашей божественности и ее силы преодолеть эти испытания. Помните: какими бы ни были ваши трудности, вы не настолько слабы, чтобы отказаться от борьбы. Бог не посылает вам испытаний, которые вы не смогли бы выдержать.

❖ ❖ ❖

У святого Франциска было больше несчастий, чем можно себе представить, но он не сдавался. Одно за другим он преодолел все препятствия исключительно силой ума и стал единым с Владыкой Вселенной. Почему бы и вам не обрести такую решимость?

❖ ❖ ❖

Используйте каждое жизненное испытание как возможность улучшить себя. Когда приходят трудности, вы обычно внутренне восстаете: «И почему это должно было случиться именно со мной?» Вместо этого думайте об испытании как о киркомотыге, которая поможет вам разрыхлить почву своего сознания и найти сокрытый в ней родник духовной силы. Каждая трудность должна пробуждать вашу внутреннюю силу, которая присуща вам как Божьему дитя, сотворенному по Его образу и подобию.

❖ ❖ ❖

Вам может показаться, что самый легкий способ решить проблему — сбежать от нее. Но вы становитесь сильнее, только когда боретесь с сильным противником. Тот, кому не приходится сталкиваться с трудностями, не растет духовно.

❖ ❖ ❖

Жизнь без проблем не была бы жизнью как таковой: мы бы не испытывали желания улучшать себя и развивать свой божественный потенциал.

❖ ❖ ❖

Быть истинным победителем — значит покорить самого себя, победить ограниченность своего сознания, беспредельно расширить свою духовную мощь. Тогда вы сможете, преодолев все барьеры, отправиться так далеко, как только захотите, и жить жизнью, исполненной духа высшей победы. Вырвитесь из каземата невежества, в который вы сами себя заточили!

❖ ❖ ❖

Разрубите сковывающие вас цепи мыслей мечом мудрости. Жизнь — это борьба, и вы должны сражаться, чтобы победить. Кто мешает вам поверить в то, что вы — боги? Никто. Единственная ваша помеха — это вы сами.

❖ ❖ ❖

Если вы хотите обрести вечное счастье, вы должны перестать считать себя смертным существом. Практикуйте эту истину в своей повседневной жизни.

❖ ❖ ❖

Всегда улыбайтесь миру своей внутренней улыбкой. Одним лишь волевым усилием вы можете стать счастливым и удерживать это счастье в себе независимо от того, что происходит вокруг. Одни люди бывают полностью сломлены жизненными неурядицами, в то время как другие улыбаются, несмотря на все трудности. Те, чей дух несокрушим, достигают в жизни истинного успеха.

❖ ❖ ❖

Когда у меня возникают серьезные трудности, прежде всего я ищу их причину в самом себе. Я не виню ни обстоятельства, ни людей. Первым делом я обращаюсь внутрь себя. Я стараюсь очистить цитадель моей души от всего, что препятствует проявлению ее мудрости и всемогущества. Только так можно преуспеть в жизни.

❖ ❖ ❖

Проблемы и болезни служат нам уроком. Испытания болью предназначены не для того, чтобы нас уничтожить, а для того, чтобы очистить нас от душевных шлаков и подстегнуть нас к возвращению Домой. Никто не жаждет нашего освобождения больше, чем наш Небесный Отец.

❖ ❖ ❖

Между нами и Богом стоит дымовая завеса иллюзии, и Ему очень жаль, что мы потеряли Его из виду. Его вовсе не радует, что Его детям приходится так много страдать — умирать на войне или от ужасных болезней и вредных привычек. Ему жаль нас, потому что Он нас любит и хочет, чтобы мы вернулись к Нему. Если бы вы только сделали усилие и медитировали по ночам, чтобы общаться с Ним! Он все время думает о вас. Он вас не покинул. Это вы покинули свое истинное «Я».

❖ ❖ ❖

Если вы будете относиться к своему жизненному опыту как к учителю и извлечете из него знание об истинной природе мира и вашей роли в нем, этот опыт станет вашим проводником на пути к вечному счастью и удовлетворенности.

❖ ❖ ❖

Несчастья в каком-то смысле являются вашими лучшими друзьями, ибо подталкивают вас к поиску Бога. Когда вы убеждаетесь в несовершенстве этого мира, вы начинаете стремиться к Божьему совершенству. Бог использует зло не для того, чтобы нас уничтожить, но для того, чтобы мы разочаровались в Его игрушках, в забавах этого мира, и наконец обратились к Нему.

❖ ❖ ❖

Уныние — это не что иное, как тень руки Божественной Матери[1], простертой для объятия. Не забывайте об этом. Когда Божественная Мать хочет нас приласкать, Ее рука, прежде чем коснуться нас, порой отбрасывает тень. Поэтому, когда приходят трудности, не думайте, что Она вас наказывает. Она простирает руку, чтобы притянуть вас к Себе, и Ее рука, отбрасывающая на вас тень, несет вам какое-то благо.

❖ ❖ ❖

Страдание — хороший учитель для тех, кто готов быстро выучить свои уроки. А для тех, кто сопротивляется и

---

[1] Индуистские священные писания учат, что Бог одновременно личный и безличный, имманентный и трансцендентный. Верующие на Западе традиционно воспринимают Бога в Его личном аспекте — как Отца; в Индии же многие люди с древних времен почитают Бога как любящую и милосердную Вселенскую Мать. См. *Божественная Мать* в глоссарии.

обижается, оно становится тираном. Страдание может научить вас почти всему. Его уроки побуждают вас развивать здравомыслие, самоконтроль, непривязанность, нравственность и трансцендентное духовное сознание. Например, боль в животе учит вас следить за своим питанием и не переедать. Боль от потери собственности и близких людей напоминает вам о преходящей природе вещей в этом иллюзорном мире. Последствия неправильных действий пробуждают в вас здравый смысл. Так почему бы не следовать мудрости? Тогда вы не будете отдавать себя в руки жесткого наставника по имени Страдание и подвергать себя совсем не обязательному наказанию болью.

❖ ❖ ❖

Причина страданий кроется в неразумном использовании свободной воли. Бог дал нам право принимать Его или отвергать. Он не хочет, чтобы мы попадали в беду, но Он и не вмешивается, когда мы выбираем действия, ведущие к несчастью.

❖ ❖ ❖

Все предпосылки для плохого здоровья, неожиданного финансового краха или других проблем, которые внезапно и без видимой на то причины сваливаются на вашу голову, были посеяны вами в прошлом — в этой или в предыдущей жизни — и безмолвно прорастали в вашем сознании[1]. Не обвиняйте Бога или окружающих в том, что вы страдаете

---

[1] Реинкарнация, или эволюционный путь души обратно к Богу, неоднократно дает человеку возможности для развития и совершенствования — в таком количестве, что их невозможно израсходовать в одной короткой жизни на земле. См. глоссарий.

от болезни, материального недостатка или эмоциональной нестабильности. Вы породили причину своей проблемы в прошлом, и вы же должны принять твердое решение искоренить ее сейчас.

❖ ❖ ❖

Очень многие люди неправильно понимают значение слова *карма*[1] и в результате становятся фаталистами. Вы не должны принимать карму как что-то неизбежное. Допустим, я говорю вам, что за вашей спиной стоит человек, которого вы однажды ударили, и он готов вас побить. Если вы смиренно мне отвечаете: «Значит, это моя карма» и ждете удара, конечно же, он вас поколотит! Почему бы вам не попытаться его умилостивить? Успокоив его, вы умерите его пыл, и он потеряет желание вас ударить.

❖ ❖ ❖

Последствия ваших действий наносят вам куда меньше вреда, когда вы не позволяете своему сознанию поддаваться их влиянию. Помните об этом. Вы также можете нейтрализовать отрицательный эффект ваших плохих поступков в прошлом положительным эффектом ваших добрых дел в настоящем, предупредив этим создание условий для исполнения вашей плохой кармы.

❖ ❖ ❖

Если вы осознаете себя Божьим дитя, какая же у вас тогда может быть карма? У Бога нет кармы. И если вы *знаете*,

---

[1] Плоды прошлых действий; результат действия закона причины и следствия. «Что посеет человек, то и пожнет» (Гал. 6:7). См. глоссарий.

что вы Его дитя, у вас ее тоже нет. Каждый день вы должны утверждать: «Я не смертное существо; я не тело. Я — Божье дитя». Так вы практикуете осознание Божьего присутствия. Бог свободен от кармы. Поскольку вы сотворены по Его подобию, вы тоже свободны от кармы.

❖ ❖ ❖

Никому не позволяйте говорить вам, что ваши страдания и проблемы — это ваша карма. Вы как душа не имеете кармы. Шанкара[1] сказал: «Я един с Духом; я есмь Он». Если вы осознаете эту истину, вы — бог. Но если вы мысленно утверждаете: «Я — бог», а в глубине души думаете: «Я, наверное, все-таки смертное существо», тогда вы — смертное существо. Если вы *знаете*, что вы бог, вы — свободная душа.

❖ ❖ ❖

«Разве не знаете, что вы — храм Божий, и Дух Божий живет в вас?»[2] Если вы сможете расширить свой ум посредством медитации и принять Бога в своем сознании, вы станете свободными от иллюзий, ограничений и смерти.

❖ ❖ ❖

Если вы хотите возвыситься над кармой, постарайтесь осознать три истины:

1. *Если у вас сильный ум и чистое сердце, вы свободны.* Это ум «подключает» вас к боли в теле. Когда ваши мысли чисты и подконтрольны вам, вы не страдаете от болезненных

---

[1] Свами Шанкара — один из известнейших индийских философов. Точные годы его жизни неизвестны; многие историки полагают, что он жил в конце VIII — начале IX века.

[2] 1Кор. 3:16.

последствий плохой кармы. Я нахожу такой подход весьма воодушевляющим.

2. *В подсознательном сне вы свободны.*

3. *Когда вы пребываете в экстатическом блаженстве*[1], *вы едины с Богом и у вас нет кармы.* Вот почему святые говорят: «Непрестанно молитесь». Когда вы долго молитесь и медитируете, вы переноситесь в сферу сверхсознания, а там никакие проблемы не могут вас побеспокоить.

❖ ❖ ❖

Вы можете моментально освободиться от кармы с помощью следующих методов. Когда вас начинают осаждать кармические проблемы, ложитесь спать. Или погружайтесь в чистые мысли и закаляйте свой ум, говоря себе: «Я выше всего этого». А еще лучше — в глубокой медитации войдите в божественное состояние сверхсознания. Блаженство, переживаемое в сверхсознании, — естественное состояние вашей души, но вы позабыли свою истинную природу, потому что очень долгое время отождествляли себя с телом. Вы можете вернуть себе это безмятежное блаженство.

❖ ❖ ❖

Природа души (индивидуализированного Духа) есть чистое блаженство — незыблемое состояние всегда новой радости. Тому, кто его обретает, это блаженство дарит вечную, неиссякаемую радость даже во времена таких

---

[1] Возвышенное состояние сознания, в котором переживается единение с Богом. Бодрствующее сознание — это ощущение тела и внешнего окружения; подсознание — внутренний разум, задействованный во время сна и таких умственных процессов, как запоминание и воспроизведение информации; сверхсознание — трансцендентный высший разум, или сознание души. См. глоссарий.

испытаний, как физическая боль и смерть.

❖ ❖ ❖

Материальные средства, такие как лекарства, физический комфорт и человеческое утешение, по-своему хороши для снятия боли, но самое лучшее средство — практика *Крийя-йоги*[1]. Эта панацея от всех бед, боли и тяжелых утрат освобождает человека от индивидуальной и коллективной кармы[2].

[1] Научный метод внутреннего единения с Богом. Наука *Крийя-йоги* описывается в «Автобиографии йога» Парамахансы Йогананды. См. глоссарий.

[2] Коллективная карма состоит из собирательных действий большого числа людей, наций или мира в целом и производит положительный или отрицательный эффект — в зависимости от преобладания добра или зла в этих действиях. Поэтому мысли и действия отдельных индивидуумов вносят свою лепту в благополучие или неблагополучие этого мира и всех людей в нем. См. глоссарий.

———◆━◆━◆———

АФФИРМАЦИИ

Я знаю: сила Бога не имеет границ. Будучи сотворенным по Его образу и подобию, я наделен силой, способной преодолеть все препятствия.

❖ ❖ ❖

Возлюбленный Отец, с какими бы обстоятельствами я ни сталкивался, я буду помнить, что все они лишь следующий шаг в моем духовном развитии. Я буду рад любому испытанию, потому что я знаю, что внутри меня живет разум, способный понять, и сила, способная преодолеть.

Глава 3

Как научиться медитировать

Медитация — самая полезная наука в мире

Медитация — это наука познавания Бога[1]. Это самая полезная наука в мире. Если бы люди только осознали ценность медитации и испытали ее благотворное воздействие, несомненно, большинство из них захотели бы медитировать. Высшая цель медитации состоит в сознательном восприятии Бога и вечного единства нашей души с Ним. Какие иные достижения по своей насущности и степени полезности сопоставимы с обретением единства с вездесущностью Всемогущего Творца? Познание Господа одаривает медитирующего благословением Божьего покоя, любви, радости, силы и мудрости.

❖ ❖ ❖

Медитация предполагает использование концентрации в ее наивысшей форме. Смысл концентрации заключается в освобождении внимания от всех отвлекающих факторов и фокусировании его на определенной мысли. Медитация представляет собой особую форму концентрации, при которой внимание полностью фокусируется на Боге. Таким образом, медитация — это концентрация, направленная на познание Бога.

---

[1] В этой главе даны лишь начальные инструкции по медитации. Полные инструкции Парамахансы Йогананды по всем техникам концентрации и медитации, составляющим науку *Крийя-йоги*, содержатся в печатных уроках *Self-Realization Fellowship Lessons*. См. стр. 233.

❖ ❖ ❖

Предварительные инструкции

Сядьте на прямой стул или в позу со скрещенными ногами (для этого выберите твердую поверхность). Держите спину прямой, а подбородок — параллельно полу.

❖ ❖ ❖

Если поза принята правильно, тело находится в устойчивом положении и при этом расслаблено, что позволяет вам долгое время пребывать в полной неподвижности, не шевеля ни единым мускулом. Такая неподвижность необходима для того, чтобы достичь глубокого медитативного состояния.

❖ ❖ ❖

С полузакрытыми глазами (или закрытыми, если вам так удобнее) устремите свой взор в точку между бровями и сфокусируйтесь на ней так, словно выглядываете из нее. (Когда человек глубоко сконцентрирован, он часто хмурит брови в этом месте.)

Не косите глаза и не напрягайте их; взгляд возводится естественным образом, когда человек расслаблен и спокойно сосредоточен. Самое главное — направлять в точку между бровями *все свое внимание*.

Это центр Христова Сознания, месторасположение единого глаза, о котором Христос сказал: «Светильник для тела есть око. Итак, если око твое будет чисто, то все тело твое будет светло» (Мф. 6:22).

Медитация оправдывает свое предназначение, когда

сознание медитирующего автоматически концентрируется на духовном оке и он переживает небесную радость единения с Духом, степень которой зависит от его внутренней духовной способности.

❖ ❖ ❖

Дыхательное упражнение перед медитацией

После того как вы приняли описанную выше позу для медитации, вашим следующим шагом будет очищение легких от скопления углекислого газа, вызывающего беспокойство ума. Сделайте двойной выдох через рот, издавая звук «ха-хааа» (он производится дыханием, а не голосом). Затем глубоко вдохните через нос и напрягите все тело на счет до шести. Сделайте двойной выдох через рот («ха-хааа»), одновременно с этим расслабив все мышцы. Повторите три раза.

❖ ❖ ❖

Первый шаг на пути к Божьему Царству — принятие правильной позы для медитации и выполнение упражнений по напряжению и расслаблению тела. Когда тело расслаблено и неподвижно, ум перестает концентрироваться на мышцах.

Йог начинает свою медитацию с глубокого дыхания: вдыхая, он напрягает все свое тело, а выдыхая — расслабляет его. Это упражнение необходимо повторять несколько раз. С каждым выдохом нужно полностью расслаблять свои мышцы, достигая состояния неподвижности.

После этого йог устраняет беспокойство ума, используя

специальные техники концентрации. В совершенном спокойствии тела и ума он наслаждается неописуемым покоем, исходящим от души.

Тело — вместилище жизни; ум — вместилище света; душа — вместилище покоя. Чем глубже человек погружается в свою душу, тем больше покоя он ощущает; это — сверхсознание. Когда в углубляющейся медитации человек умножает свое восприятие покоя и чувствует, как его сознание расширяется по всей Вселенной, а покой поглощает все мироздание и существ в нем, он входит в Космическое Сознание. Он ощущает этот покой во всем: в каждом цветке, в каждом человеке, в атмосфере. Он созерцает землю и все миры бурлящими в океане покоя, словно пузырьки.

Внутренний покой, который медитирующий чувствует на первых порах, исходит от его души. Погружаясь все глубже, он достигает незыблемого покоя, который есть Бог. Если медитирующий чувствует единство со всем и вся, значит, он впустил Бога в храм своего безграничного внутреннего восприятия.

❖ ❖ ❖

Концентрируйтесь на радости и покое души

Расслабьтесь... Скажите «до свидания» миру чувственного восприятия — зрению, слуху, обонянию, вкусу и осязанию — и погрузитесь внутрь себя, в царство своей души.

Отпустите все телесные ощущения, отпустите все беспокойные мысли. Концентрируйтесь на чувстве радости и покоя.

❖ ❖ ❖

Дверь в Божье Царство находится в центре трансцендентного сознания в точке между бровями. Если вы будете сосредотачивать на ней все свое внимание, вы обретете огромную духовную силу и внутреннее руководство. Почувствуйте, как ваше сознание расширяется и становится божественным сознанием. Нет больше никаких барьеров, нет больше привязанности к телу — теперь вы продвигаетесь к Божьему Царству, войти в которое можно через духовное око[1].

Молитесь вместе со мной: «Отец Небесный, открой мое духовное око, чтобы я смог войти в царство Твоей вездесущности. Не оставь меня, Отец, в этом бренном мире страданий, но веди меня от мрака к свету, от смерти — к бессмертию, от невежества — к безграничной мудрости, от печали — к вечной радости».

Изучайте истинную науку йогической медитации

Раджа-йога — царский путь единения с Богом — это наука прямого постижения Божьего Царства, которое находится внутри человека. Практикуя священные йогические техники самоуглубления, полученные от истинного гуру во время инициации, медитирующий получает возможность обрести это царство путем пробуждения астральных и каузальных центров энергии жизни и сознания в позвоночнике

---

[1] Единый глаз интуиции и вездесущего восприятия (*аджна-чакра*) в центре Христа (*Кутастха*), расположенном в межбровье. Духовное око — это врата в наивысшие состояния божественного сознания. По мере того как сознание глубоко медитирующего йога проникает в духовное око, он испытывает последовательно следующие состояния: сверхсознание, Христово Сознание и Космическое Сознание. Чтобы прийти к таким состояниям, необходимо использовать особые техники медитации, являющиеся частью науки Крийя-йоги. Они представлены в *Уроках SRF*.

и мозге, которые являются вратами в небесные сферы трансцендентного сознания[1].

❖ ❖ ❖

Одной лишь молитвы недостаточно. Люди удивляются, почему они не получают ощутимого ответа от Бога, хотя так истово молятся. А все потому, что они не обучены медитации. Вот почему йога так необходима. Если вы будете практиковать йогические техники Самореализации, вы достигнете цели. Йога не учит верить слепо и надеяться, что это принесет спасение; она обучает научным законам и техникам, посредством которых можно воспринять Бога непосредственно в своем сознании. Он ответит открыто лишь тогда, когда вы установите с Ним реальную связь — не раньше. Господь не сможет войти в ваше сознание, пока оно прячется за дверями неведения. Когда вы отворите эти двери, Он явит Себя, открыв для вас безграничные возможности. Однако прежде вам необходимо приложить усилия. Вы не найдете Бога, если во время медитации думаете о чем-то другом. Но если вы будете практиковать техники регулярно, вы найдете Его.

❖ ❖ ❖

Упражнение по медитации

Приступим к медитации.

Почувствуйте, как вы заряжаетесь созидательной энергией Бога, питающей вас жизнью.

Почувствуйте, как вечное сознание Бога проявляется

---

[1] См. *Раджа-йога, Крийя-йога* и *чакры* в глоссарии.

в вашем теле, стирая осознание прошлых неудач, страхов, болезней и старости.

Сосредоточенно повторяйте эту мысль:

«Отец, Ты пребываешь в моем теле, в моем уме, в моей душе. Я сотворен по Твоему образу и подобию. Благослови мое тело, мой ум и мою душу, дабы они воссияли Твоей вечной молодостью, силой, бессмертностью и радостью.

Аум. Мир и покой. Аминь».

Медитация на покой

Всем сердцем мысленно молитесь Богу. Взывайте к Нему в своем храме тишины и, погружаясь в медитацию все глубже и глубже, найдите Его в храме экстатического блаженства. Посылайте Богу любовь всем своим сердцем, всем своим умом, всей своей душой и всей своей крепостью. Интуитивно почувствуйте, как Бог начинает проявлять Себя; из-за туч беспокойства Он пробивается к вам как великая радость и покой. Радость и покой — это голос Божий, так долго дремавший за завесой вашего неведения, будучи забытым и заглушенным трезвоном человеческих страстей.

Божье Царство совсем рядом — за темнотой закрытых глаз; и первые врата, ведущие к нему, — это ваш покой. Выдохните, расслабьтесь и почувствуйте, как этот покой заполняет собой все — как внутри, так и вовне. Погрузитесь в этот покой.

Сделайте глубокий вдох. Выдохните. Теперь забудьте о дыхании. Повторяйте за мной:

Отец Небесный, один за другим стихают все земные и небесные звуки.

Я нахожусь в храме тишины.

Твое вечное царство покоя ярус за ярусом простирается перед моим внутренним взором. Да проявится во мне это бесконечное царство, так долго скрывавшееся во тьме.

Покой наполняет мое тело; покой наполняет мое сердце и пребывает в моей любви. Покой внутри; покой вовне; покой везде.

Бог есть покой. Я Его дитя. Я есть покой. Я и Отец — одно.

Бесконечный покой окутывает мою жизнь и пронизывает каждый миг моего бытия. Мир моей семье; мир моей стране; мир всему миру; мир всему космосу.

Добра всем народам; добра всем существам, ибо все они мои братья, а Господь — наш общий Отец. Мы живем в Соединенных Штатах Мира, которыми правят Бог и Истина.

Отец Небесный, да придет Твое мирное царство на землю, как на небо, дабы мы смогли избавиться от разделяющих нас противоречий и стать образцовыми гражданами Твоего мира — как в телах, так и в умах и душах своих.

Медитируйте, пока не почувствуете ответ с небес

Продолжайте концентрироваться на точке между бровями — центре Христова Сознания, — глубоко молясь Богу и Его великим святым. Взывайте к ним на языке своей души и молите об их присутствии и благословении. Полезно выбрать какую-нибудь молитву или аффирмацию и одухотворить ее своим преданным стремлением. Фокусируя свое внимание на точке между бровями, мысленно молитесь и проговаривайте аффирмацию снова и снова, пока не почувствуете ответ от Бога — глубокий, безмятежный покой и внутреннюю радость.

❖ ❖ ❖

По мере углубления своей регулярной медитации вы можете начать видеть проблески света или слышать астральные звуки, либо перед вашим внутренним взором может предстать какой-либо святой. Поначалу вы будете склонны относиться к этому как к игре своего воображения; но, если вы будете неослабны в своем преданном стремлении, вы увидите, какие замечательные вещи начнут происходить в вашей жизни — часто самым загадочным образом...

Бог очень отзывчив: когда вы сонастроитесь с Ним, Он будет поддерживать и направлять вас во всем — как в выборе друзей и деловых партнеров, так и в повседневных делах.

Глава 4

Будьте выше страданий

Я уже давно дискутирую с моим Небесным Отцом и постоянно задаю Ему вопрос: почему человек, сотворенный по Его образу и подобию, должен проходить через боль и страдания, чтобы вернуться к Нему? Я говорю Всевышнему, что в боли есть элемент принуждения и что побуждать людей вернуться в рай лучше всего любовью и лаской. И хотя я знаю Его ответ, я всегда спорю с Богом по этим вопросам, потому что Он понимает меня так, как отец понимает сына.

❖ ❖ ❖

В этом мире столько трагедий! В нем царит неопределенность. Но что бы ни случилось с вами, если вы припадете к ногам Небесного Отца и воззовете о Его милосердии, Он вас поднимет и покажет вам, что этот мир — всего лишь сон[1].

❖ ❖ ❖

Я расскажу вам одну историю. Как-то раз царю приснилось, что он бедняк. И сквозь сон он жалобно просил подать ему пару медяков на кусок хлеба. Наконец его разбудила царица и спросила: «Что с тобой? Твоя казна полна золота, и ты просишь подать тебе пару медяков?»

Царь пришел в себя и облегченно вздохнул: «Фух, какой вздор! Мне приснилось, что я бедняк и умираю от

---

[1] См. *майя* в глоссарии.

голода из-за того, что у меня нет и медяка».

В такой же иллюзии пребывают и те, кому снится, что они смертны; что их терзают ночные кошмары всевозможных болезней, страданий, бедствий и горя. Единственный способ пробудиться от этих кошмаров — стать более привязанным к Богу и менее привязанным к миражам этого мира.

❖ ❖ ❖

В Божьем плане отсутствует жестокость, потому что в Его глазах не существует ни добра, ни зла — только картины света и тени. Бог хочет, чтобы мы смотрели на двойственные сцены жизни так, как это делает Он Сам — Вечно Радостный Свидетель потрясающей космической драмы.

Человек ложно отождествил себя с псевдодушой — эго. Когда он перенаправляет ощущение себя на свое истинное «Я» — бессмертную душу, он обнаруживает, что вся боль мнима. Он уже даже представить себя не может в состоянии страдания.

❖ ❖ ❖

Сверхсознание человека сделано из Бога, и оно «боленепробиваемо». Все физические и психологические страдания человека порождаются отождествлением себя с телом, а также воображением и привычкой неправильно мыслить.

❖ ❖ ❖

Тренируйте свой ум, укрепляйте его. Развивайте в себе такую силу ума, которая позволит вам оставаться непоколебимым при любых обстоятельствах и смело встречать все испытания, которые преподносит вам жизнь. Если вы любите Бога, то у вас должна быть вера и готовность выдержать любые испытания. Пусть вас не пугают страдания. Будьте сильными и мыслите позитивно. Ваш внутренний настрой — вот что по-настоящему важно.

❖ ❖ ❖

Ваше воображение лишь усугубляет ваши страдания. Тревоги и саможаление не ослабляют вашу боль, а только усиливают ее. Например, если кто-то причинил вам зло, вы начинаете переживать об этом; ваши друзья обсуждают произошедшее и сочувствуют вам. Но чем больше вы говорите и думаете о нанесенной вам обиде, тем глубже она становится, превращаясь таким образом в страдание.

❖ ❖ ❖

Некоторые люди продолжают помнить все страдания, через которые они прошли, и то, какой ужасной была боль от операции, перенесенной двадцать лет назад. Снова и снова они оживляют в памяти ощущение болезни. Зачем нужно прокручивать в голове такие переживания?

❖ ❖ ❖

Самый лучший способ отделиться от своей болезни — мысленно отстраниться от нее, стать как бы сторонним наблюдателем и в то же время искать средства для исцеления [1].

❖ ❖ ❖

Если вы научитесь жить в своем теле, не отождествляя себя с ним, вам не придется много страдать. Связь между

---

[1] Люди с признаками серьезного нарушения здоровья, сопровождающимся болью и другими симптомами, должны следовать совету врача.

вами и частями вашего тела только мысленная. Когда вы спите и не осознаете своего тела, вы не чувствуете боли. Когда зубной врач или хирург делает вам анестезию и оперирует вас, вы не ощущаете боли, потому что анестезия «отключает» ваше сознание от ощущений.

❖ ❖ ❖

Заботьтесь о своем теле, но будьте выше его. Знайте, что вы существуете отдельно от своего бренного тела. Мысленно постройте высокую стену между своим телом и собой и утверждайте: «Я отделен от своего тела. Ни жара, ни холод, ни болезнь не могут меня коснуться. Я свободен». И барьеры, ограничивающие вас, станут исчезать.

❖ ❖ ❖

Самая лучшая анестезия — это сила ума. Боль ослабнет, если ум откажется принять ее. Бывало, мое тело подвергалось ранениям и в нем возникала сильная боль. Но как только я направлял внимание на центр Христа[1], то есть отождествлял себя больше с Богом, чем с телом, я переставал ощущать боль. Поэтому, когда появляется боль, сосредотачивайтесь на центре Христа. Мысленно отстраняйтесь от боли; развивайте силу ума. Будьте жесткими с самим собой. Когда вы ощущаете боль, мысленно говорите себе: «У меня ничего не болит». Когда у вас возникает боль, относитесь к ней не как к страданию, а как к чему-то, что требует вашей заботы. Чем больше вы будете концентрироваться на силе

---

[1] Центр в межбровье, где расположен единый глаз духовного восприятия, о котором Иисус сказал: «Если око твое будет чисто, то все тело твое будет светло» (Мф. 6:22). На многих картинах святые в момент их общения с Богом изображены с возведенными в этот центр глазами. См. глоссарий.

ума, тем быстрее будет исчезать осознание тела.

❖ ❖ ❖

«Боль и наслаждение преходящи, — говорил Шри Юктешвар[1] своим ученикам. — Относитесь ко всем этим проявлениям двойственности спокойно, но при этом старайтесь выйти из-под их власти».

❖ ❖ ❖

При негативных обстоятельствах практикуйте «обратное», то есть мыслите позитивно и конструктивно. Практикуйте *титикшу*[2], не поддавайтесь переживаниям, переносите все трудности с радостью и готовностью, сохраняя спокойствие ума. Когда приходит болезнь, следуйте законам здоровья и гигиены, не позволяя своему уму расстраиваться. Будьте невозмутимы во всем, что бы вы ни делали.

❖ ❖ ❖

Страдаете ли вы в этой жизни или живете в роскоши и изобилии, ваше сознание должно оставаться невозмутимым. Если вы сумеете стать беспристрастным, ничто на свете не сможет вас ранить. Жизнь всех великих мастеров свидетельствует о том, что они достигли этого блаженного состояния.

❖ ❖ ❖

Вы должны подняться над иллюзией мира и познать

---

[1] Свами Шри Юктешвар (1855 — 1936) – гуру (духовный наставник) Парамахансы Йогананды. Его жизнь описана в «Автобиографии йога». См. глоссарий.

[2] Санскритский термин; букв. «выдержка, терпение, спокойствие ума при любых обстоятельствах».

свою истинную природу. Такое сознание достигается посредством медитации. Когда вы научитесь удерживать это сознание и в активной деятельности, и в медитации, то есть станете неподвластны иллюзии, тогда вы возвыситесь над этим миром — Божьим сном. И этот сон для вас закончится. Вот почему Господь Кришна[1] подчеркивал: если вы хотите освободиться в Духе, ваш ум должен оставаться невозмутимым при любых обстоятельствах: «Тот человек, которого это (соприкосновение чувств с их объектами) не может поколебать, кто спокоен и ровен в страдании и наслаждении, — только тот достоин бессмертия»[2].

❖ ❖ ❖

Когда вас преследуют химеры тревог, болезни и смерти, ваше единственное святое убежище — внутренний храм тишины. Глубоко духовный человек день и ночь живет в покое внутренней тишины, которую не могут нарушить ни надвигающаяся опасность, ни крушение миров.

❖ ❖ ❖

Ни физические ощущения, ни душевные муки не смогут причинить вам страданий, если вы мысленно отстранились от них и укрепили свой ум в Божьей радости и покое.

---

[1] Аватар (Божественное воплощение), живший в Древней Индии задолго до рождения Иисуса Христа. Наставления Господа Кришны принцу-воину Арджуне накануне битвы на Курукшетре составляют содержание Бхагавад-Гиты, бессмертного священного писания Индии. См. *Бхагаван Кришна* и *Бхагавад-Гита* в глоссарии.

[2] Бхагавад-Гита II:15.

Целительная сила Бога

Наши нужды можно удовлетворить двумя способами. Первый способ — физический, материальный. Например, если мы заболели, мы можем пойти к доктору, и он назначит нам лечение. Но иногда бывает, что человеческая помощь бессильна. И тогда мы прибегаем ко второму способу — к Духовной Силе, к Творцу нашего тела, ума и души. Материальная сила ограничена, и, когда она иссякает, мы обращаемся к неограниченной Божественной Силе. И точно так же с нашими финансовыми нуждами: если мы делаем все, что в наших силах, а ситуация не меняется, мы обращаемся к Высшей Силе.

❖ ❖ ❖

Самое эффективное средство для исцеления всех физических, психологических и духовных болезней — это осознание Бога. Как мрак рассеивается при первом луче света, так и болезнь отступает, когда совершенный свет Божьего присутствия входит в тело.

❖ ❖ ❖

Все методы исцеления — физические, психологические и пранический [1] — задействуются безграничной силой Бога. Об этом нельзя забывать, потому что если человек полагается не на *Бога*, а на *метод*, он автоматически препятствует свободному течению целительной силы.

---

[1] При праническом исцелении задействуется космическая разумная энергия, по своей структуре более тонкая, нежели атомная. Прана является универсальной основой жизни, с помощью которой Бог поддерживает все мироздание. См. *прана* в глоссарии.

❖ ❖ ❖

Ваша задача — обратить внимание Бога на ваши нужды и делать со своей стороны все необходимое, тем самым помогая Ему исполнить ваше желание. Например, при хронической болезни делайте для своего исцеления все возможное, но сознавайте, что в конечном счете помочь вам может только Бог.

❖ ❖ ❖

Самой действенной защитой для человека служит его непреклонная мысль о том, что как Божье дитя он не подвержен болезням.

❖ ❖ ❖

Делайте все, что в ваших силах, чтобы устранить причины заболеваний, и ничего не бойтесь. Повсюду столько всяких микробов! Если вы будете их бояться, вы не сможете наслаждаться жизнью. Будьте бесстрашны.

❖ ❖ ❖

Всегда внутренне улыбайтесь. Пусть в вас постоянно вибрирует глубокая радость. Всегда будьте готовы к действию и всей душой стремитесь помогать другим. Такое отношение — не только хорошее упражнение для ума; оно также постоянно заряжает ваше тело космической энергией.

❖ ❖ ❖

Тот, кто находит радость внутри себя, обнаруживает, что токи жизненной энергии, наполняющие его тело, исходят не от пищи, а от Бога. Если вы чувствуете, что не можете улыбаться, встаньте перед зеркалом и пальцами растяните рот в улыбку. Это очень важно!

Своей внутренней радостью человек притягивает к себе помощь неиссякаемой силы Бога. Здесь я говорю об искренней радости, а не о поддельной, которую человек, не чувствуя ничего внутри, изображает на лице. Когда ваша радость искренна, вы — миллионер Улыбка. Неподдельная улыбка распределяет космическую энергию, *прану,* по всем клеткам тела. Счастливый человек менее восприимчив к болезням, потому что благодаря внутренней радости его тело получает большее количество космической энергии жизни.

❖ ❖ ❖

В хранилище ума лежат как цепи рабства, так и ключи к свободе.

❖ ❖ ❖

Сила ума несет в себе безотказную энергию Бога. Именно такую силу вы хотите иметь в своем теле, и существует метод, с помощью которого ее можно обрести: общение с Богом посредством медитации. Когда вы наладите с Ним идеальный контакт, исцеление будет полным и необратимым.

Сила аффирмации и молитвы

В прошлом вы, возможно, были разочарованы тем, что ваши молитвы оставались без ответа. Но не теряйте веры! Бог — не бесчувственное немое Существо. Он — сама Любовь. Если вы установите с Ним контакт через медитацию, Он станет отвечать на ваши настойчивые просьбы, обращенные к Нему с любовью.

❖ ❖ ❖

Точное знание о том, как и когда молиться о тех или иных потребностях, приносит желаемые результаты. Когда применяется верный метод, задействуются божественные законы. Действие этих законов приносит результаты с научной точностью.

❖ ❖ ❖

Первое правило молитвы: обращайтесь к Богу только с разумными просьбами. Второе правило: молиться об их исполнении следует не с позиции попрошайки, но с позиции чада Божьего: «Я — Твое дитя. Ты — мой Отец. Ты и я — одно». Если вы будете молиться долго и глубоко, вы почувствуете, что ваше сердце наполняется великой радостью. Не удовлетворяйтесь до тех пор, пока она не проявится. Когда вы чувствуете в сердце всепоглощающую радость, это говорит о том, что Бог настроился на вашу молитву. Вот тогда и обращайтесь к Нему: «Господи, мне нужна Твоя помощь (изложите свою просьбу). Я готов делать все, что в моих силах. А Тебя прошу об одном: направляй мои мысли и действия, чтобы мои усилия увенчались успехом. Я буду размышлять, я буду упорно работать, но Ты направляй мой разум, мою волю и мои действия, чтобы я все сделал правильно».

❖ ❖ ❖

Вы должны молиться Богу сокровенно — как Его дитя, кем вы и являетесь на самом деле. Бог не возражает, когда вы молитесь от своего эго, то есть как незнакомец или попрошайка, но вы сами обнаружите, что такой подход только ограничивает ваши усилия. Бог не хочет, чтобы вы отказывались от использования своей силы воли, которая присуща вам как Божьему дитя.

❖ ❖ ❖

Неустанное требование[1] чего-либо, произносимое мысленным шепотом и подкрепленное непоколебимой верой и бесстрашием, развивает динамическую силу, которая, воздействуя на сознание, подсознание и сверхсознание человека, придает предмету желания материальную форму. Мысленный шепот должен быть непрестанным и неотступным. Тогда объект желания материализуется.

Техника использования аффирмаций

Безграничная сила звука исходит из Животворящего Слова *Аум*[2], космической вибрационной силы, стоящей за всеми материальными энергиями. Любое слово, произнесенное осознанно и сосредоточенно, обладает материализующей силой.

❖ ❖ ❖

Слова, полные искренности, убежденности, веры и интуиции, подобны сильнейшим вибрационным «бомбам»,

---

[1] Парамаханса Йогананда учил: «Молитва часто подразумевает выпрашивание. Мы не попрошайки — мы Божьи дети. И поэтому нам причитается наше божественное наследие. Когда мы устанавливаем основанную на любви связь между своей душой и Богом, мы имеем право *требовать* исполнения наших разумных просьб». Именно этот принцип — требование на правах божественного сыновства — и наделяет аффирмацию живой силой.

[2] Могучий *Аминь*, или Слово Божие. См. *Аум* в глоссарии.

которые при разрыве сносят стены трудностей и производят желаемые изменения.

❖ ❖ ❖

Подсознательная идея-привычка к болезни или здоровью оказывает на человека сильное влияние. «Упрямые» недуги — и физические, и психологические — всегда имеют глубокие корни в подсознании. Болезнь можно вылечить, если избавиться от ее скрытых корней. Все аффирмации сознательного мышления должны быть достаточно яркими и выразительными, для того чтобы они смогли проникнуть в подсознание, которое в свою очередь автоматически воздействует на сознание. Именно таким образом — через посредство подсознания — сильные, осознанные аффирмации вызывают реакцию ума и тела. А более мощные аффирмации достигают сферы не только подсознания, но и сверхсознания — волшебной кладовой чудодейственных сил.

❖ ❖ ❖

Терпение и внимательное, осознанное повторение способны вершить чудеса. Аффирмации для исцеления хронических недугов тела и ума нужно повторять регулярно [1], с глубокой сосредоточенностью и до тех пор, пока они не станут частью ваших глубоких интуитивных убеждений (состояние болезни или ее ухудшение должны полностью игнорироваться).

---

[1] В конце каждой главы прилагаются аффирмации на определенные темы. В книгах «Метафизические медитации», «Научные целительные аффирмации» и в *Уроках SRF* Парамаханса Йогананда предлагает сотни других аффирмаций для исцеления, самосовершенствования и углубления своего восприятия Бога.

❖ ❖ ❖

Выберите аффирмацию и повторяйте ее — от начала до конца — сначала громко, затем все тише и медленнее, пока не перейдете на шепот. Затем повторяйте ее только про себя, не шевеля языком и губами, пока не почувствуете, что вы достигли состояния полной, глубокой концентрации — не бессознательного состояния, а абсолютной целостности мысли.

Если вы продолжаете мысленно повторять аффирмацию и ваша сосредоточенность углубляется, то вскоре вы почувствуете возрастающее чувство радости и покоя. В состоянии глубокой концентрации ваша аффирмация сольется с потоком подсознания и возвратится как сила, способная по закону привычки воздействовать на ваше сознательное мышление.

В то время как вы испытываете всевозрастающее чувство покоя, ваша аффирмация идет глубже — в сферу сверхсознания, чтобы позже возвратиться заряженной безграничной силой, способной воздействовать на ваше сознательное мышление и исполнять ваши желания. Оставьте сомнения, и вы станете свидетелем чуда этой научной веры.

❖ ❖ ❖

Бессознательное повторение молитвы-просьбы и аффирмаций, не сопровождаемое любовью и вдохновенной верой, делает человека «молящимся граммофоном», который не понимает смысла «проигрываемой» молитвы. Если вы автоматически воспроизводите молитву, думая при этом о чем-то другом, ответа от Бога ждать не стоит. Бессознательное повторение имени Бога всуе не приносит никаких результатов. Непрерывное уверенное повторение просьбы — мысленно или вслух, с углубляющимся вниманием и с любовью — одухотворяет молитву и превращает сознательное, исполненное веры повторение в духовное переживание на уровне сверхсознания.

❖ ❖ ❖

Медитируйте на суть своей настойчивой просьбы до тех пор, пока она не станет частью вас. Наполняйте свою просьбу вдохновенной верой и любовью к Богу. По мере того как углубляется ваша медитация, глубже чувствуйте свою любовь и веру и в сердечном порыве мысленно передавайте Богу вашу просьбу. Верьте, что Бог чувствует жажду вашего сердца, выражаемую в виде конкретной просьбы.

Почувствуйте, что за словами вашей настойчивой, исполненной любви просьбы, Бог слышит безмолвный шепот вашей души. Почувствуйте это! Слейтесь воедино с просьбой вашего сердца и будьте абсолютно уверены, что Он слышит вас. Затем идите и занимайтесь своими делами, не думая о том, исполнит ли Бог вашу просьбу. Непреклонно верьте в то, что ваша просьба была услышана и что вам откроется истина: все, что принадлежит Богу, принадлежит и вам. Неустанно медитируйте на Бога, и, когда вы почувствуете Его присутствие, вы обретете свое законное наследство по праву божественного сыновства.

❖ ❖ ❖

«Господь отвечает всем и работает для всех, — говорил Шри Юктешвар. — Люди редко отдают себе отчет в том, насколько часто Бог отвечает на их молитвы. Для Него нет избранных. Он выслушивает всех, кто обращается к Нему искренне. Его дети должны всей душой верить в любовь и доброту своего Вездесущего Отца».

❖ ❖ ❖

Веру нужно взрастить — другими словами, открыть в себе. Она там, но ее нужно «откопать». Если вы внимательно присмотритесь к своей жизни, вы увидите, какими неисчислимыми путями задействован в ней Бог, и тогда ваша вера укрепится. Не все пытаются разглядеть Его незримую руку. Многим людям развитие событий представляется естественным и неизбежным. Они не ведают, какие радикальные изменения могут произойти благодаря молитве!

Взращивание веры в Бога

Самый верный метод мгновенного исцеления — это абсолютная, безоговорочная вера в Бога. И самая высокая и стоящая обязанность человека — неустанно прилагать усилия для того, чтобы пробудить эту веру.

❖ ❖ ❖

Быть убежденным в существовании Бога и иметь веру в Бога — две разные вещи. Убеждение не имеет ценности, если вы не проверили его на своем собственном опыте и не живете согласно ему. Проверенное жизнью убеждение становится верой.

❖ ❖ ❖

Можно хотеть верить, можно думать, что вы верите, но если вы *действительно* верите, результат проявится незамедлительно.

❖ ❖ ❖

Вера не может быть опровергнута. Вера — это интуитивная убежденность в истине, и она непоколебима даже при кажущейся очевидности обратного. Вы еще не осознали, как замечательно работает эта великая сила. Она действует с математической точностью. В ней нет никаких «если». Под верой Библия подразумевает *доказательство* вещей невидимых[1].

❖ ❖ ❖

Всегда непреклонно верьте, что сила Бога работает в вас — она стоит за вашими мыслями, молитвами и убеждениями, давая вам безграничную силу. Сознавайте, что Он работает внутри вас всегда и во всем, и Он всегда будет с вами.

❖ ❖ ❖

Высшую Силу можно пробудить неустанной верой и нескончаемым молением. Вы должны правильно питаться и делать все необходимое для тела, и в то же время постоянно молиться: «Господи, только Ты можешь исцелить меня, потому что это Ты управляешь атомами жизни и тонкими состояниями тела, к которым у врачей нет доступа».

❖ ❖ ❖

«И [Лахири Махасайя] добавил, так и лучась радостью: „Помни: всемогущий Параматман[2] может исцелить кого угодно, будут в этом участвовать врачи или нет“»[3].

---

[1] Есть же вера уповаемых извещение, вещей обличение невидимых (Евр. 11:1).
[2] Санскр. «Высший Дух».
[3] Отрывок из «Автобиографии йога». Лахири Махасайя — гуру духовного наставника Парамахансы Йогананды.

❖ ❖ ❖

В этом мире всем распоряжается Бог. Он вас забирает, и Он же решает, дать ли вам возможность пожить еще. Если врач говорит: «Я тебя вылечу», а Бог решает вас забрать, вы все же покинете эту землю. Поэтому живите для Него.

❖ ❖ ❖

Заболевший человек должен поставить себе задачу избавиться от своей болезни. И даже если врачи признают его состояние безнадежным, он должен оставаться спокойным, ибо страх закрывает глаза веры во всемогущее и сострадательное Божье Присутствие. Отбросив все тревоги, человек должен произносить аффирмацию: «Я в полной безопасности, ибо нахожусь в крепости Твоей заботы и любви». Бесстрашный богоискатель, поверженный неизлечимой болезнью, концентрируется на Господе и готовится к освобождению из телесной тюрьмы и вхождению в прекрасный астральный мир. В следующей жизни он будет еще ближе к своей цели — окончательному освобождению. Всем людям надлежит усвоить, что сознание души побеждает любые внешние беды.

❖ ❖ ❖

Для духовно сильного человека даже смерть — ничто. Однажды мне приснился сон, что я умираю. Тем не менее я стал молиться: «Господи, да будет так. Ведь на все Твоя воля». Тогда Он прикоснулся ко мне, и я осознал истину: «Как же я могу умереть? Волна не может умереть: она уходит обратно в океан и вздымается снова. Волна не умирает, значит, и я не умираю».

❖ ❖ ❖

[*Однажды, во время тяжелого жизненного испытания, Парамаханса Йогананда отправился в пустыню для уединения и молитвы. И ночью во время глубокой медитации он получил такой утешающий ответ от Бога:*]

Танец жизни, пляска смерти —
Всё исходит от меня. Ликуй, прознав сие.
Возможно ль большего желать,
Обладая высшим — Мной?

❖ ❖ ❖

[*Жизнь святых душ — источник вдохновения и силы для других людей. Правильное отношение к страданиям нашло свое идеальное выражение в жизни Шри Гьянаматы*[1] *(1869—1951), одной из первых учениц Парамахансы Йогананды. Последние двадцать лет своей жизни она претерпевала сильную физическую боль, но это не пошатнуло ее любви к Богу. Ее безмолвный героизм и внутренняя сила возвышали сознание всех тех, кто ее знал. Во время прощального богослужения Парамаханса Йогананда сказал:*]

«Жизнь Сестры была подобна жизни святого Франциска: он страдал и все равно помогал другим. Поэтому ее жизнь служит нам вдохновением. Все те годы, что она страдала, она показывала, что в ее жизни любовь к Богу была превыше всего, и я никогда не видел следов боли в ее глазах. Вот почему она — великая святая, вот почему она — великая душа, и вот почему сейчас она пребывает с Богом.

---

[1] «Гьянамата» означает «Мать мудрости». Мудрость и любящие наставления Шри Гьянаматы нашли свое прекрасное выражение в ее письмах и истории ее жизни, которые вошли в книгу *God Alone*, издаваемую обществом Self-Realization Fellowship.

Когда я увидел тело Сестры в гробу, я почувствовал, как ее душа слилась с вездесущим эфиром, и внутри себя я услышал голос Отца: „Двадцать лет страданий не отняли у нее любовь ко Мне. И именно это Я ценю в ее жизни". Я не мог ничего сказать. Я понял, что Небесный Отец имеет право испытывать нашу любовь к Нему физическими страданиями в течение двадцати лет и более, чтобы в обмен на них мы, сотворенные по Его образу существа, могли востребовать утраченное нами всегда новое счастье. Затем меня снова охватил восторг от мысли о Боге и Его присутствии, и я сказал себе: „Физически страдать на протяжении двадцати лет и благодаря милости Божией испытывать при этом всегда новую радость — это огромнейшее достижение"».

❖ ❖ ❖

Если вы будете жить с Господом в сердце, вы излечитесь от иллюзии жизни и смерти, здоровья и болезни. Живите в Господе. Чувствуйте Его любовь. И ничего не бойтесь. Вы найдете защиту только в крепости Бога. Нет более надежного убежища, чем Его присутствие. Когда вы с Ним, ничто не может вас ранить.

———◆———

АФФИРМАЦИИ ДЛЯ ИСЦЕЛЕНИЯ

Свет совершенного здоровья Господа проникает в темные закоулки болезни моего тела. Его целительный Свет сияет во всех клетках моего тела. Они совершенно здоровы, ибо в них — Его совершенство.

❖ ❖ ❖

Целительная сила Духа течет через все клетки моего тела. Я сотворен из единой универсальной Божественной субстанции.

❖ ❖ ❖

Твой вездесущий совершенный Свет живет в моем теле, в каждой его части. Где сей целительный Свет, там совершенство. Я здоров, ибо Твое совершенство — во мне.

❖ ❖ ❖

Я в замке Божьего присутствия. Никто и ничто не может ранить меня — ни физически, ни умственно, ни финансово, ни духовно, — ибо я всегда защищен Божьим присутствием.

Глава 5

Защищенность в ненадежном мире

Внезапные природные катаклизмы, приносящие опустошение и массовый урон, не являются «деяниями Господа». Такие несчастья — результат мыслей и деяний человека. Всякий раз, когда скопление недобрых вибраций, исходящих от неправедных мыслей и действий человека, нарушает вибрационное равновесие между добром и злом, случаются разрушительные бедствия[1].

Войны порождаются не злым роком свыше, а повсеместным материальным эгоизмом. Избавьтесь от эгоизма — индивидуального, индустриального, политического и национального — и тогда не будет войн.

❖ ❖ ❖

Хаос, который царит в наше время, есть результат того, что мир живет безбожными идеалами. Индивидуумы и нации смогут защитить себя от погибели, если только станут воплощать в жизнь божественные идеалы братства, экономического сотрудничества и международного обмена материальными богатствами и опытом.

❖ ❖ ❖

Я верю, что придет время, когда взаимопонимание в мире сотрет все границы между нациями. Нашей страной станет Земля, и в мире начнется процесс бескорыстного распределения материальных богатств согласно нуждам народов, процесс, который будет регулироваться справедливым

---

[1] См. прим. на стр. 17.

международным законодательством. Но равенство не может быть установлено силой, оно должно исходить из сердца. Мы должны начать сегодня, с самих себя. Мы должны брать пример с божественных душ, приходящих на Землю снова и снова, чтобы указать нам путь. Мир возможен, если мы будем любить и понимать друг друга, как тому нас учили они своим личным примером.

❖ ❖ ❖

Вы наверняка думаете, что попытки победить ненависть и вдохновить человечество жить любовью по заветам Христа — это безнадежное дело. Но сейчас это необходимо как никогда. Атеистические идеологии пытаются упразднить религию. Мир продолжает переживать драму неуправляемого существования. В своих попытках остановить разбушевавшийся ветер мы похожи на муравьев, барахтающихся в океане. Но не стоит недооценивать свои силы и возможности.

❖ ❖ ❖

Только одно средство может помочь искоренить страдания в этом мире, и это средство ценнее денег, домов и любых других материальных средств. Это — медитация и передача другим своего божественного сознания. Даже тысяча диктаторов не смогли бы уничтожить то, что я ношу в себе. Каждый день излучайте сознание Бога, и оно коснется других людей. Постарайтесь понять, что план Бога для человечества состоит в возвращении всех душ в Его лоно, и работайте в унисон с Его волей.

❖ ❖ ❖

Бог есть Любовь, и Его мироздание может быть построено только на любви. Разве эта простая мысль не несет человеческому сердцу большее утешение, чем рассуждения эрудитов? Все святые, кому удалось проникнуть в самую суть Реальности, свидетельствуют, что Вселенский Божественный замысел существует и что он прекрасен и радостен.

Если посредством медитации мы научимся любить Бога, мы сможем полюбить все человечество так, как любим свою собственную семью. Только те, кто нашел Бога путем Самореализации, то есть те, кто лично познал Бога, способны любить человечество не безлично, а как своих родных братьев, как детей одного и того же Отца.

❖ ❖ ❖

Поймите, что в жилах всех народов течет одна и та же кровь. Как можно ненавидеть человека другой расы, когда Бог живет и дышит в каждом из нас? Мы американцы или индийцы лишь на короткое время, а Божьими детьми мы будем вечно. Душа не вмещается в рамки, установленные человеком. Ее национальность — Дух; ее страна — Вездесущность.

❖ ❖ ❖

Если вы установите внутренний контакт с Богом, вы познаете, что Он пребывает в каждом человеке, что Он стал детьми всех рас. Тогда вы уже не сможете быть чьим-то врагом. Если бы весь мир любил такой вселенской любовью, то у людей не было бы необходимости воевать друг с другом. Мы должны объединить все религии, все нации, все расы своим собственным христоподобным примером.

❖ ❖ ❖

Глубокое сочувствие и проницательность, необходимые для исцеления этого мира от страданий, не могут исходить лишь из признания разнообразия людей своим умом; их источником может быть только знание того, что всех людей объединяет их родство с Богом. Так пусть же йога, наука личного контакта с Божественным, дойдет наконец до всех людей в этом мире, для того чтобы каждый осознал высочайший идеал жизни на земле — мирное сосуществование, основанное на признании братства всех людей и народов.

❖ ❖ ❖

Мрачные политические события, которые разворачиваются в мире, неумолимо указывают на горькую правду: отсутствие духовного видения ведет людей к гибели. Именно наука, а не религия, стала пробуждать в человеке смутное ощущение непрочности и даже недолговечности всего материального. И куда же еще в такой ситуации может обратиться человек, как не к своему Источнику — Духу, живущему в нем?

❖ ❖ ❖

Атомный век отрезвит человека и расширит его сознание благодаря научно доказанному факту, что материя по своей сути есть не что иное, как сгусток энергии. Человеческий разум может и должен высвободить из себя энергию более мощную, чем та, что таится в камнях и металлах, для того чтобы атомное чудовище, выпущенное недавно из клетки, не привело мир к гибели из-за необдуманных поступков. Беспокойство человечества в отношении атомных бомб может иметь одно косвенное преимущество — возрастет интерес к науке йоги, истинного «бомбоубежища».

❖ ❖ ❖

Этот мир всегда будет подвержен сумятице и проблемам. Так зачем же об этом беспокоиться? Идите в Божье убежище, куда ушли Мастера и откуда они следят за миром и помогают ему. Так вы обретете вечную безопасность не только для себя, но и для своих родных и близких, вверенных вам нашим Господом и Отцом.

❖ ❖ ❖

Истинное, вечное счастье кроется в Боге, «сокровище превыше всех сокровищ»[1]. Он есть наша защита, наше единственное прибежище от всех страхов. У вас нет другого средства защиты в мире, нет другой свободы. Истинная свобода кроется только в Боге. Поэтому медитируйте и стремитесь установить с Ним глубокий контакт ежедневно утром и вечером, а также днем, во время выполнения всех своих дел и обязанностей. Йога учит: там, где Бог, нет ни страха, ни печали. Истинный йог[2] может стоять непоколебимо даже посреди крушения миров. Его защита кроется в осознании непреложной истины: «Господи, Ты всегда со мной, где бы я ни был».

❖ ❖ ❖

Не формируйте привязанностей к преходящему в этой жизни, ибо все это лишь сон. Живите для Бога, и только для Него. Это единственный путь обрести свободу и защиту в этом мире. Вне Бога нет безопасности: куда бы вы ни пошли, вас будут атаковать иллюзии. Будьте свободны сейчас. Будьте Божьим сыном сейчас. Осознайте, что вы — Его дитя, и так вы сможете навсегда избавиться от этого сна-иллюзии[3]. Медитируйте глубоко и регулярно, и однажды вы проснетесь

---

[1] Перефразированный стих из Бхагавад-Гиты VI:22.
[2] См. глоссарий.
[3] См. *майя* в глоссарии.

в экстатическом единении с Богом и поймёте, что людям лишь кажется, что они страдают! И вы, и я, и они — все мы чистый Дух.

❖ ❖ ❖

Пусть вас не пугает кошмарный сон этого мира. Пробудитесь в бессмертном свете Бога. Когда-то моя жизнь была подобна фильму ужасов, который я смотрел против своей воли. Но однажды во время медитации моя комната вдруг озарилась ослепительным светом и голос Бога сказал мне: «Что ты выдумываешь? Очнись! Узри Мой вечный Свет, в котором кошмары этого мира приходят и уходят. Они нереальны». Какое это было великое утешение! Кошмары, какими бы ужасными они ни были, — всего лишь кошмары. Кинофильмы, будь они весёлые или страшные, — всего лишь кинофильмы. Нам не следует зацикливаться на печальных и пугающих перипетиях этой жизни. Не будет ли разумнее направить наше внимание на Силу, которая неразрушима и неизменна? Зачем беспокоиться о неприятных сюрпризах в сюжете земного спектакля? Ведь мы здесь лишь ненадолго. Усвойте из драмы жизни главный урок и обретите свободу!

❖ ❖ ❖

За тенью этого мира — лучезарный Свет Господа. Вселенная — это огромный храм Его присутствия. Медитация открывает все двери, ведущие к Нему. Когда вы проникаетесь Богом, никакие беды и несчастья не могут отнять у вас Его Радость и Покой.

—◆•◆—

АФФИРМАЦИЯ

В жизни и смерти, в болезни, голоде или крайней нищете да буду я держаться только за Тебя. Позволь мне осознать, что я бессмертный Дух, на Которого не воздействуют никакие изменения — ни те, через которые проходит мир, ни те, которым подвергается это тело в детстве, молодости и старости.

Глава 6

Мудрость: средство для разрешения проблем и принятия жизненных решений

В жизни всегда будут взлеты и падения. Как нам узнать, в какую сторону идти, чтобы не ошибиться? Для нам этого нужно прислушиваться не к своим предрассудкам, сложившимся в нас под воздействием наших привычек, влияния семьи, страны и мира, а к голосу Истины внутри нас.

❖ ❖ ❖

Истина — это не философская теория, построенная на догадках. Истина есть полное соответствие с Реальностью. Для человека истина — это твердое знание своей подлинной природы, своего высшего «Я», то есть души.

❖ ❖ ❖

В повседневной жизни истина — это сознание, ведомое духовной мудростью, которая побуждает нас делать что-либо не потому, что кто-то повелел это сделать, а потому что это правильно.

❖ ❖ ❖

Когда вы находитесь в прямом контакте с Творцом всей Вселенной, вам открывается высшая мудрость и понимание сути всех вещей.

❖ ❖ ❖

Мудрость обретается не путем накопления знаний из

внешних источников. Объем истинного знания, которое вы способны усвоить, и скорость его усвоения зависят от степени вашей внутренней восприимчивости.

❖ ❖ ❖

Когда у вас возникает какая-либо проблема, не переживайте о ней, а думайте обо всех возможных вариантах ее решения. Если вы сами не находите оптимального решения, сравните свою конкретную проблему с подобными проблемами других людей и из их опыта узнайте, какие пути ведут к успеху, а какие — к неудаче. Выбирайте те пути, которые вам кажутся логичными и практичными, а затем начинайте действовать — шаг за шагом. Внутри вас находится целая библиотека Вселенной. Все, что вы хотите знать, скрыто внутри вас. Чтобы найти доступ к этим знаниям, применяйте творческое мышление.

❖ ❖ ❖

Допустим, вы сильно обеспокоены поведением своего ребенка или собственным здоровьем, или же вас беспокоит оплата ипотеки. Не найдя сиюминутного решения, вы начинаете беспокоиться по поводу ситуации. И каков результат? Головная боль, нервозность, проблемы с сердцем. Из-за того, что вы четко не анализируете себя и свои проблемы, вы не знаете, как контролировать свои чувства, а также ситуацию, в которую вы попали. Вместо того чтобы тратить время на переживания, подумайте, как устранить причину проблемы. Если вы хотите разрешить возникшую проблему, спокойно проанализируйте сложившееся положение, взвесьте все «за» и «против», а затем определите, какие действия нужно предпринять для осуществления намеченной цели.

❖ ❖ ❖

Из любой трудной ситуации есть выход. И, если вы посвятите некоторое время обдумыванию случившегося и поразмышляете о том, как избавиться от причин вашего беспокойства, вы станете хозяином положения.

❖ ❖ ❖

Все успешные люди посвящают большое количество времени глубокой концентрации. Они способны проникать в глубины своего сознания и отыскивать там жемчужины правильных решений для всех проблем, встающих перед ними. Когда вы научитесь отключать свое внимание от всего, что вас отвлекает, и глубоко сосредотачивать [1] его на отдельном объекте, тогда и вы сможете притягивать к себе все, что вам нужно, одним лишь усилием воли.

Развивайте умение интуитивно распознавать

Как быстро, четко и легко вы все воспринимаете, когда ваш ум спокоен!

❖ ❖ ❖

Глаза спокойного человека отражают его внутренний покой, лицо — его ясный ум и непредубежденность. Он решителен и быстр в своих действиях и не поддается импульсам внезапных желаний.

❖ ❖ ❖

Прежде чем что-то сделать, подумайте, что вы будете делать и к чему это приведет. Действовать согласно импульсу — не значит быть свободным, потому что вы оказываетесь

---

[1] Здесь имеется в виду йогическая техника концентрации, представленная в *Уроках SRF* (Self-Realization Fellowship Lessons).

связанными неприятными последствиями неблагоразумных действий. Но разумные действия, подсказанные вам интуитивной проницательностью, несут вам свободу. Именно действия, ведомые мудростью, составляют божественное существование.

❖ ❖ ❖

Человек не животное, которым управляют только инстинкты, человек не должен быть психологическим роботом. Быть легкомысленным человеком — значит грешить перед Духом, живущим в нас; мы должны действовать осознанно. Мы должны подумать, прежде чем что-то сделать. Мы должны научиться использовать силу ума для того, чтобы развиться и в итоге осознать свое единство с Творцом. Все, что мы делаем, должно быть результатом обдуманной мысли.

❖ ❖ ❖

Одна ученица совершила серьезную ошибку.

— Я всегда воспитывала в себе хорошие привычки. Трудно поверить, что такое несчастье могло случиться со мной, — пожаловалась она.

— Твоя ошибка была в том, что ты слишком сильно полагалась на свои хорошие привычки и пренебрегала необходимостью всегда правильно оценивать ситуацию, — сказал Парамаханса Йогананда. — Твои хорошие привычки помогают тебе в знакомых ситуациях, но, когда возникает новая проблема, этого явно недостаточно. В таких случаях требуется умение интуитивно распознавать. Практикуя глубокую медитацию, ты научишься всегда принимать правильное решение во всем, даже когда столкнешься с непредсказуемыми обстоятельствами.

Человек не робот, и поэтому, руководствуясь только

правилами и строгими моральными наставлениями, он не способен всегда поступать мудро. Широкое разнообразие проблем и событий повседневной жизни всегда предоставляет возможность развивать навыки правильного суждения.

❖ ❖ ❖

Правильное суждение — это естественное проявление мудрости, но оно находится в прямой зависимости от внутренней гармонии, то есть равновесия ума. Когда ум лишен гармонии, он не знает покоя, а потеряв покой, он лишается здравого смысла и мудрости. Жизнь имеет обыкновение наносить неожиданные удары, и, если во время жизненного испытания (когда особенно остро требуется правильное суждение) вы сохраните равновесие ума, вы одержите победу. Внутренняя гармония — ваш самый ценный помощник в прохождении всех жизненных испытаний.

❖ ❖ ❖

Беспокойство ума снижает ясность мышления и порождает неправильное понимание. Эмоции снижают ясность мышления. Плохое настроение снижает ясность мышления. Действиями большинства людей руководит не голос разума и понимания, а их текущее настроение.

❖ ❖ ❖

Понимание — это зрение вашей души, телескоп вашего сердца, проницательность вашего внутреннего существа. Понимание — это равновесие между спокойным умом и чистым сердцем. Эмоция — это искаженное чувство, которое подталкивает вас к неправильному действию. Хладнокровное понимание, ведомое только интеллектом, тоже учит вас поступать неправильно. Вы должны обрести сбалансированное понимание. Если ваше понимание управляется и умом, и сердцем, вы будете способны ясно видеть себя и других.

❖ ❖ ❖

Вы должны следить за тем, чтобы ваше понимание не было предвзятым. Всякий раз, когда вы готовы принять решение или совершить действие, спросите себя, руководствуетесь ли вы в данный момент ясным пониманием ситуации или идете на поводу у эмоций или чего-то еще, оказывающего влияние на ваше мышление. Пока вас одолевает жадность или гнев, пока вы находитесь под влиянием заблуждений других людей, пока вы обижены на то, что другие вас неправильно понимают, ваше собственное понимание не будет ясным.

❖ ❖ ❖

Человеческий разум всегда найдет свои «за» и «против» и для хороших, и для плохих действий; ему свойственно непостоянство. А у духовного распознавания только один критерий-путеводитель — голос души.

❖ ❖ ❖

Представьте себе двух людей. Справа от них расстилается долина жизни, а слева — долина смерти. Оба вполне разумны, но один идет направо, а другой — налево. Почему? Потому что один воспользовался интуитивной проницательностью, а другой, поддавшись ошибочным умозаключениям, ею не воспользовался.

❖ ❖ ❖

Следите за побудительными причинами всех своих действий. Пищу потребляет как йог, так и прожорливый человек. Но можно ли считать потребление пищи грехом только потому, что оно часто ассоциируется с чревоугодием? Нет. Грех кроется в мысли, в мотиве действия. Мирской человек ест из жадности к еде, а йог — для того, чтобы содержать свое тело в хорошем состоянии. Это большая разница. Один человек совершает убийство и его за это вешают, другой, защищая свою страну, убивает много людей на поле боя и получает за это медаль. Опять же, вся разница — в мотиве действия. Моралисты создают строгие правила, а я вам даю примеры, чтобы вы видели, что можно жить в этом мире относительности, практикуя самоконтроль, и при этом не становиться роботом.

❖ ❖ ❖

Жить по-научному означает погружаться внутрь себя, спрашивать себя, правильно ли вы поступаете, и быть абсолютно искренним с самим собой. Если вы честны с собой, то вы вряд ли будете поступать неправильно, а если это и случится, то вы сможете быстро себя исправить.

❖ ❖ ❖

Каждое утро и каждую ночь погружайтесь в тишину глубокой медитации, ибо только с помощью медитации можно распознать, где истина, а где заблуждение.

❖ ❖ ❖

Учитесь руководствоваться голосом совести — божественной силой распознания внутри вас.

❖ ❖ ❖

Бог — это шепот в храме вашей совести, Он — свет вашей интуиции. Вы знаете, когда вы поступаете неправильно. Все ваше существо говорит вам об этом, и это чувство

— голос Бога. Если вы не слушаете Его, Он замолкает. Но когда вы пробудитесь от своего заблуждения и пожелаете все делать правильно, Он станет вести вас.

❖ ❖ ❖

Неуклонно следуя внутреннему голосу совести, то есть голосу Бога, вы становитесь поистине нравственным, высокодуховным человеком — человеком, излучающим мир и покой.

Интуиция: внутреннее знание

Интуиция — это голос души; он направляет вас и подсказывает, что делать. Интуиция естественным образом проявляется в человеке в те моменты, когда его ум находится в состоянии покоя. Цель духовной науки йоги — успокоить ум, для того чтобы ясно услышать безошибочный совет Внутреннего Голоса.

❖ ❖ ❖

«Разрешайте все свои проблемы с помощью медитации, — говорил Лахири Махасайя. — Настройте себя на активное внутреннее Руководство. Божественный Голос подскажет вам решение любой жизненной дилеммы. Человек создает себе трудности с поистине бесконечной изобретательностью, но Бесконечный Помощник не менее находчив».

❖ ❖ ❖

Бог хочет, чтобы мы полагались только на Него, но это вовсе не значит, что вы не должны думать самостоятельно. Он хочет, чтобы вы проявляли инициативу. Дело в том, что, если стремление сознательно сонастроиться с Богом не стоит у вас на первом месте, вы отрезаны от Источника и не можете получить от Него помощь. Но если вы обращаетесь по всем вопросам сначала к Богу, Он станет руководить вами. Он покажет вам ваши ошибки, для того чтобы вы смогли изменить себя и ход своей жизни.

❖ ❖ ❖

Помните: медитация на Бога до момента обретения покоя лучше миллиона умозаключений. Почувствовав этот покой, скажите Ему: «Господи, я не могу решить свою проблему самостоятельно, хотя и перебрал в уме множество разных вариантов. Я смогу решить эту проблему, если только вручу ее Тебе — испросив сперва Твоего водительства, а затем рассмотрев проблему во всех аспектах». Бог помогает тем, кто помогает самому себе. Когда после молитвы, вознесенной Богу в медитации, ваш ум успокаивается и исполняется веры, вы видите множество вариантов возможного решения вашей проблемы. И поскольку ваш ум спокоен, вы способны выбрать наилучшее решение. Следуйте этому решению, и вы добьетесь успеха. Вот так применяется наука религии в повседневной жизни.

❖ ❖ ❖

«Жизнь человека полна печалей. Они уходят лишь тогда, когда нам удается сонастроиться с Божественной Волей, „правильный курс“ которой часто оказывается совершенно непостижимым для эгоистичного ума, — говорил Шри Юктешвар. — Лишь Бог способен вести нас безошибочно. Кто, как не Он, несет на Себе бремя Космоса?»

❖ ❖ ❖

Когда мы познаем Небесного Отца, мы сможем получать

ответы на вопросы не только о своих проблемах, но и о проблемах мира. Почему мы живем и почему умираем? Почему
происходит это и произошло то? Я сомневаюсь, что на землю придет святой, способный ответить на все вопросы всех
населяющих землю людей. Но в храме медитации любая не
дающая покоя загадка жизни будет разгадана. Установив
контакт с Богом, мы получим ответы на жизненные голово-
ломки и найдем решение всех наших проблем.

—————•◆•—————

АФФИРМАЦИЯ

Отец Небесный, я буду размышлять, я буду прилагать волю, я буду действовать, но Ты направляй мой разум, мою волю и мои действия, чтобы я все сделал правильно.

Глава 7

Достижение целей

Невозможное возможно — когда вы в это верите.

❖ ❖ ❖

Как смертное существо вы ограничены, но как Божье дитя вы безграничны. Направьте свое внимание на Бога, и вы обретете силу и умения, необходимые вам для достижения любой поставленной цели.

Динамическая сила воли

Воля — инструмент Божьего образа внутри вас. В воле кроется безграничная сила Бога, — сила, повелевающая природными силами. Поскольку вы сотворены по образу Божьему, вы можете использовать эту силу для осуществления любых своих желаний.

❖ ❖ ❖

Если вы намереваетесь сделать доброе дело, используя при этом динамическую силу воли, вы добьетесь своей цели. Если вы будете продолжать идти вперед, несмотря на все неблагоприятные обстоятельства, Бог даст вам все средства для воплощения задуманного. Это истина, которую подразумевал Иисус, когда он сказал: «Если будете иметь веру и не усомнитесь... если и горе сей скажете: „поднимись и ввергнись в море“, — будет» [1]. Если вы, несмотря ни на что, продолжаете проявлять силу воли, в вашу жизнь придут

[1] Мф. 21:21.

успех, здоровье и силы, необходимые для того, чтобы помогать людям, и более того — вы войдете в унисон с Богом.

❖ ❖ ❖

Никогда не сдавайтесь, если вы уже сказали себе: «Я сделаю это». Если, сказав себе: «Я не простужусь», вы вдруг просыпаетесь на следующее утро простуженным и впадаете в отчаяние, вы позволяете своей воле оставаться слабой. Когда что-то получается не так, как вы задумали, не падайте духом! Продолжайте верить, внутренне зная, что все задуманное получится. Когда вслух вы говорите: «Я это сделаю», а про себя думаете: «Не могу», вы нейтрализуете силу своего ума и обезоруживаете свою волю.

❖ ❖ ❖

Если вы хотите дом, а ваш ум говорит: «Что за глупости! Тебе же это не по карману», вы должны не сдаваться, а выковать в себе стальную волю. Когда все «не могу» уйдут из вашего ума, тогда придет Божественная сила. Дом не упадет вам с небес, вы должны будете постоянно прилагать силу воли и предпринимать конструктивные действия. Если вы настойчивы и отказываетесь признавать неудачу, предмет вашего желания непременно материализуется. Если вы волевым усилием постоянно направляете свои мысли и действия к своей цели, желаемое непременно осуществится. Даже если в мире нет абсолютно никаких условий для исполнения вашего желания, при упорном проявлении силы воли желаемый результат каким-нибудь образом да проявится.

❖ ❖ ❖

Ум смертного человека полон всевозможных «не могу». Родившись в семье с определенными привычками и укладом жизни, человек попадает под их влияние и думает, что какие-то вещи он не может делать: он не может много ходить; он не может есть этот продукт; он не может это терпеть. Все эти «не могу» следует стереть в своем сознании. Внутри себя вы имеете силу, способную достичь всего, чего бы вы ни пожелали; эта сила кроется в вашей воле.

❖ ❖ ❖

Если вы удерживаете определенную мысль динамической силой своей воли, эта мысль в конце концов обретает ощутимую внешнюю форму.

❖ ❖ ❖

Вынашивать мысль динамической силой своей воли означает удерживать мысль в уме до тех пор, пока она не обретет динамическую силу. Когда мысль становится динамической с помощью волевого усилия, она материализуется согласно созданной вами мысленной модели.

❖ ❖ ❖

Как можно развить волю? Выберите себе задание, которое вы считаете для себя непосильным, а затем направьте все свои силы на то, чтобы его выполнить. Когда вы этого добьетесь, выберите задание посложнее и точно так же продолжайте прилагать силу воли. Если вам очень трудно, молитесь глубоко и искренне: «Господи, дай мне силы преодолеть все трудности». Кем бы вы ни были, вы *должны* прилагать силу воли. *Вы должны быть полны решимости довести дело до конца!* Используйте свою силу воли и в делах, и в медитации.

❖ ❖ ❖

Тщательно обдумав стоящую идею, приступайте к ее

реализации, и пусть вас ничто не останавливает на вашем пути. Если бы мне нужна была работа, я бы сотрясал весь мир до тех пор, пока люди не скажут: «Да дайте же ему наконец работу, лишь бы он только успокоился!»

* * *

Если вы убеждены, что вы слабый смертный, и позволяете всем вокруг убеждать вас, что вы не в состоянии найти работу, это означает, что вы уже признали себя побежденным. К бедности или вечному беспокойству вас приговаривает не Бог или злая судьба, а вы сами. Успех или неудача целиком предопределяются вашим мышлением. Даже если все думают о вас плохо, вы можете — с помощью своей всепобеждающей, данной вам Богом воли — убедить себя в том, что вы не будете брошены на произвол судьбы. И вы почувствуете неведомую небесную силу, снисходящую на вас. Вы увидите, что магнетизм этого убеждения и эта сила откроют для вас новые пути и возможности.

Конструктивный подход к неудаче

Сезон неудач — самое лучшее время для посева семян успеха. Дубинка обстоятельств может помять вас, но продолжайте идти вперед с высоко поднятой головой. Сколько бы раз вы ни терпели неудачу, всегда делайте *еще одну попытку*. Боритесь, когда думаете, что уже больше не можете бороться, или когда думаете, что вы сделали все, что было в ваших силах, или до тех пор, пока ваши усилия не увенчаются успехом.

* * *

Учитесь психологии победы. Некоторые люди советуют: «Даже и не думай о неудаче». Но этого будет недостаточно. В первую очередь проанализируйте свою неудачу, ее причины и какую пользу вы извлекли из этого опыта. А уже после этого перестаньте думать о ней. Истинный победитель — тот, кто внутренне остается непобежденным, и, несмотря на неудачи, продолжает делать новые попытки.

❖ ❖ ❖

Жизнь может стать непроглядной, могут появиться трудности, возможности могут быть потеряны, но никогда не говорите себе: «Все кончено. Бог меня оставил». Кто может помочь такому человеку? Вас может бросить семья, удача может вас покинуть, люди и природа могут восстать против вас. Но благодаря дару божественной инициативности, сокрытой внутри вас, вы сможете отбить любую атаку злой судьбы, сотворенной из ваших неправильных действий в прошлом, и победоносно проложить себе дорогу в рай.

❖ ❖ ❖

Если вы ведомы Божественным Сознанием, то, даже если ваше будущее представляется вам абсолютно безрадостным, в конце концов все сложится хорошо. Когда вас ведет Бог, вы не можете потерпеть неудачу.

❖ ❖ ❖

Отбросьте мысль о том, что Господь со Своей чудодейственной силой находится далеко на небесах, а вы здесь, на земле, — всего лишь маленькие беспомощные червяки, заваленные горой трудностей. Помните: за вашей силой стоит непобедимая Божественная Сила.

❖ ❖ ❖

Оступиться и пойти неверным путем в жизни — это лишь мимолетная слабость. Не считайте себя безнадежно потерянным в жизни. То самое место, где вы споткнулись и упали, способно послужить вам опорой, с помощью которой вы можете подняться вновь — при условии, что вы извлекаете уроки из своего опыта.

❖ ❖ ❖

Если вы признали совершенную вами ошибку и твердо решили не повторять ее, то тогда, даже если вы снова споткнетесь и упадете, ваше падение будет не столь жестким, поскольку вы проявили попытку что-то сделать.

❖ ❖ ❖

Когда наступает зима тяжелых испытаний, некоторые листья жизни опадают. Это нормально; относитесь к подобным вещам спокойно. Просто говорите: «Ничего страшного — летом я вновь расцвету». Бог дал деревьям внутреннюю силу, благодаря которой они способны пережить даже самую суровую зиму. Вы одарены не меньшей стойкостью. Зимняя пора жизни приходит не для того, чтобы вас уничтожить, но чтобы побудить вас обновить свой энтузиазм и предпринять новые конструктивные усилия, которые выльются в весну новых возможностей. Такие возможности даются каждому. Вы должны говорить себе: «Зимняя пора моей жизни уйдет. Я вырвусь из цепей своих трудностей, и у меня вырастут новые листья и плоды совершенства. Райская птица вновь усядется на моих ветвях».

❖ ❖ ❖

Неважно, сколько раз вы терпели неудачу, продолжайте делать попытки. Если вы несмотря ни на что решили: «Пусть даже земля разверзнется, я буду делать все, что в моих силах», значит, вы используете динамическую волю и непременно добьетесь успеха. Именно динамическая воля делает одного богатым, другого — сильным, а третьего — святым.

Концентрация: ключ к достижению успеха

Основной причиной многих неудач в жизни является отсутствие сосредоточенности, концентрации внимания. Внимание подобно прожектору. Когда луч внимания рассеян, его способность фокусироваться на чем-то одном ослабевает; но когда ум сосредоточен на чем-то одном, он проявляет свою силу. Великие люди — это люди концентрации. Они умеют сосредотачивать весь свой ум на одном объекте мысли зараз.

❖ ❖ ❖

Человек должен владеть научной техникой концентрации [1]. Благодаря ей он научится уводить свое внимание от всего, что отвлекает, и полностью сосредотачивать его на одном объекте зараз. Своей способностью к концентрации человек может задействовать невообразимую силу своего сознательного ума для того, чтобы суметь достичь желаемого и встать на страже всех дверей, через которые в его жизнь может проникнуть неудача.

❖ ❖ ❖

Многие думают, что совершать действия следует либо быстро, либо не торопясь. Это неверно. Если вы спокойны и глубоко сосредоточены, вы будете все делать с нужной скоростью.

❖ ❖ ❖

[1] Эта техника представлена в *Уроках SRF* (Self-Realization Fellowship Lessons).

Органы чувств спокойного человека сонастроены с окружением, в котором он находится. Беспокойный человек ничего не замечает вокруг, поэтому он все неправильно понимает и у него появляются трудности с самим собой и с окружающими. Никогда не смещайте центр своей сосредоточенности с покоя на беспокойство. Исполняйте все дела с полной концентрацией внимания.

❖ ❖ ❖

Всегда направляйте все свое внимание на выполняемую работу, какой бы малой и незначительной она ни была. А также развивайте гибкость ума — учитесь мгновенно переключать свое внимание. Но самое главное, делайте все свои дела со стопроцентной концентрацией.

❖ ❖ ❖

Большинство людей делают все небрежно. Они используют только десятую долю своего внимания. Поэтому они не способны добиться успеха. Используйте силу внимания во всем, что бы вы ни делали. В полной мере эту силу можно обрести посредством медитации. Если вы воспользуетесь Божьей силой сосредоточенного внимания, вы сможете добиться успеха в любой области.

Ваша творческая способность

Войдите в унисон с творческой силой Духа, и вы сможете общаться с Безграничным Разумом, способным вести вас и решать все проблемы. Сила, исходящая из динамического Источника вашего существа, будет течь непрерывно, и вы сможете творчески выполнять любое дело.

❖ ❖ ❖

Спросите себя, пытались ли вы когда-нибудь сделать то, чего никто никогда не делал. Это и есть начальная точка применения инициативы. Если вы еще не дошли до этого вопроса, значит вы подобны тем сотням других, кто ошибочно думает, что они не способны сделать то, чего не делали раньше. Они словно сомнамбулы; голос их подсознательного мышления навязывает им сознание слабосильного человека.

Если вы идете по жизни в таком сомнамбулическом состоянии, вы должны пробудиться, твердо сказав себе: «У меня есть самое замечательное человеческое качество — инициатива. Каждый человек носит в себе искру великой силы, и с ее помощью он может создать то, что еще не было создано. И я понимаю, что этот мир пропитан смертным сознанием ограниченности и что я могу легко попасть под его влияние, если только позволю своему окружению загипнотизировать меня!»

❖ ❖ ❖

Что такое инициатива? Это ваша творческая способность, искра Вечного Творца внутри вас. Она может дать вам силу создать то, что еще никем не было создано. Она побуждает вас делать все оригинально. Достижения инициативного человека могут быть такими же впечатляющими, как и падающая звезда. Создание нового, казалось бы, из ничего, демонстрирует, что кажущееся невозможным становится возможным благодаря использованию великой изобретательной силы Духа.

❖ ❖ ❖

Тот, кто создает, не ждет, когда для него откроются возможности; он не винит ни обстоятельства, ни судьбу, ни богов. Он использует уже имеющиеся возможности или создает их волшебной палочкой своей воли, усилий и интуитивной проницательности.

❖ ❖ ❖

Прежде чем приступить к важным делам, сядьте, расслабьтесь, приведите свои мысли и чувства в состояние покоя и погрузитесь в глубокую медитацию. И вами станет руководить великая творческая сила Духа.

❖ ❖ ❖

Если вы решили осуществить какую-то идею, размышляйте о ней до тех пор, пока полностью не погрузитесь в нее. Размышляйте, размышляйте и размышляйте; стройте планы. Затем вы должны сделать перерыв. После этого делайте первый шаг и продолжайте размышлять. Что-то внутри подскажет, что нужно сделать. Действуйте и опять размышляйте. Придут дальнейшие инструкции. Когда вы научитесь погружаться в себя, вы станете подключать свое сознание к сверхсознанию души, и таким образом с помощью безграничной силы воли, терпения и интуиции вы сможете взрастить мысленные семена успеха.

❖ ❖ ❖

Как только у вас появляется хорошая задумка, начинайте над ней работать. У некоторых людей есть хорошие идеи, но нет упорства, чтобы их обдумать и воплотить в жизнь. Вы должны проявлять смелость и настойчивость и говорить себе: «Я буду работать над своей идеей, чтобы воплотить ее в жизнь. Может случиться так, что в этой жизни я не добьюсь своего, но я приложу к этому все усилия». Размышляйте и действуйте, размышляйте и действуйте. Так вы развиваете силу своего ума. Каждая идея — это маленькое семя, которое нужно вырастить.

❖ ❖ ❖

Многие пытаются чего-то достичь в сфере своих мыслей, но, сталкиваясь с трудностями, сдаются. И только те, кто четко визуализирует свои мысли, способны воплощать их в ощутимой форме.

❖ ❖ ❖

Воображение (способность создавать в уме образы, то есть визуализировать их) — очень важный фактор в творческом мышлении. Воображаемый образ должен созреть и стать убеждением; для этого требуется приложить волю и усилия. Если вы что-то визуализируете, используя всю силу своей воли, ваша визуализация превратится в убеждение. И если вы будете, несмотря ни на что, придерживаться этого убеждения, оно материализуется.

❖ ❖ ❖

Создавайте несложные мысленные образы и материализуйте их. И так тренируйте свой ум до тех пор, пока не будете готовы воплотить в жизнь свои большие мечты.

❖ ❖ ❖

Люди успеха — это те, кто долго продумывают свои идеи, создавая в уме четкий образ того, что им хочется построить или произвести на этой земле. «Спонсируемые» своей творческой способностью, они используют свою силу воли в роли подрядчика, свое внимание к деталям — в роли плотника, а их терпение становится трудом, необходимым для того, чтобы воплотить задуманное в жизнь.

❖ ❖ ❖

Когда вы хотите что-то создать, не рассчитывайте на

внешние источники — погружайтесь внутрь себя и ищите Безграничный Источник. Все методы достижения успеха в бизнесе, все изобретения, все звуковые вибрации музыки, все вдохновенные мысли и слова хранятся в Божественном Архиве.

❖ ❖ ❖

Работайте над своими идеями вместе с Богом. В творческом мышлении этот момент является самым главным.

Как добиться всестороннего успеха

Самый мудрый — тот, кто ищет Бога. Самый успешный — тот, кто нашел Бога.

❖ ❖ ❖

Успех — вещь непростая: он не измеряется количеством денег и материальных ценностей, которыми вы владеете. Понятие успеха намного глубже. Единицами его измерения служат ваш внутренний покой и контроль над своим умом, которые делают вас способным быть счастливым при любых обстоятельствах. Это и есть настоящий успех.

❖ ❖ ❖

Великие учителя никогда не будут учить вас пренебрегать собственными обязанностями — они будут учить вас равновесию. Вне всякого сомнения, вы должны работать, чтобы кормить и одевать свое тело. Но если вы позволяете одной обязанности противоречить другой, то это фиктивное выполнение обязанности. Тысячи бизнесменов так заняты накоплением капитала, что забывают о том, что вместе с этим они наживают себе сердечные заболевания. Если труд ради процветания заставляет вас забыть о труде ради собственного здоровья — это не труд. Человек должен развиваться гармонично. Нет смысла уделять особое внимание развитию прекрасного тела, если в нем обитает слабый ум. Ум тоже должен развиваться. Если у вас прекрасное здоровье и вы умны и богаты, но при этом несчастливы, тогда вы еще не достигли успеха в жизни. Если же вы можете честно сказать: «Я счастлив, и никто не сможет отнять у меня мое счастье», вы — царь, ибо внутри себя вы нашли образ Бога.

❖ ❖ ❖

Еще один признак успеха — достижение гармоничных и благотворных результатов, которые можно разделить с другими людьми.

❖ ❖ ❖

Жизнь должна в первую очередь быть служением на благо других. Без этого идеала разум, данный вам Богом, не оправдывает своего предназначения. Если, помогая другим, вы забудете о своем маленьком «я», вы почувствуете большое «Я» Духа. Как живительные лучи солнца питают все живое, так и вы должны посылать лучи надежды в сердца бедных и обездоленных, вселять мужество в сердца упавших духом и вливать свежие силы в сердца тех, кто считает себя неудачником. Когда вы осознаете, что жизнь есть не что иное, как радостная борьба-служение и в то же время — мимолетный сон, и когда вы будете испытывать радость оттого, что ваше внутреннее спокойствие и доброта делают других счастливыми, вот тогда ваша жизнь будет полным успехом в глазах Бога.

Значимость энтузиазма

Любая работа, выполняемая с правильным настроем, приносит вам победу над собой. Здесь важен ваш подход. Умственная лень и работа по принуждению портят человека. Люди часто спрашивают меня: «Как вам удается делать столько всего?» Это потому, что я все делаю с превеликим удовольствием и с настроем служить другим. Внутренне я всегда с Богом. И хотя я мало сплю, я всегда чувствую себя бодрым и свежим, потому что исполняю свои обязанности с правильным отношением: служить другим — это огромная привилегия.

❖ ❖ ❖

Мысленное нежелание работать сопровождается вялостью, отсутствием энергии. Энтузиазм и желание работать идут рука об руку со свежим зарядом энергии. Эти факты нам говорят о тонкой взаимосвязи между волей и энергией человека. Чем сильнее ваша воля, тем больше в вас энергии.

❖ ❖ ❖

Если в жизни вы занимаетесь скромной работой, не надо за это извиняться. Гордитесь этим, потому что вы исполняете обязанности, данные вам Всевышним Отцом. Вы Ему нужны именно на этом месте — все люди не могут играть одну и ту же роль. Пока вы работаете, чтобы радовать Бога, все космические силы будут гармонично помогать вам.

❖ ❖ ❖

В глазах Бога нет ни малого, ни великого. Разве могли бы небеса удержать величественные структуры Веги и Арктура, не создай Он наимельчайший атом с ювелирной точностью?

Различие между важным и незначительным явно незнакомо Богу, ведь иначе из-за потерянной булавки могло бы рухнуть все мироздание!

❖ ❖ ❖

Старайтесь делать оригинально даже незначительные вещи.

❖ ❖ ❖

Вы должны постоянно прогрессировать; постарайтесь стать лучшим в своей профессии. Проявляйте безграничную силу своей души в любом деле. Чтобы не превратиться в робота, вы должны постоянно добиваться новых успехов. Любая работа действует на человека очищающе, если им движет правильный мотив.

❖ ❖ ❖

Мы должны делать все с полной самоотдачей и выполнять все идеально. Это должно стать философией нашей жизни.

❖ ❖ ❖

Помните, что у вас есть два работодателя: тот, который в офисе, и Тот, Который пронизывает весь космос, — Бог. И вы совершенно точно угодите им обоим, если в своей работе вы усердны и проявляете творческий подход; если развиваете свои таланты с помощью безграничной силы Бога, приходящей к вам от ежедневного контакта с Ним в глубокой медитации; если вы честно ведете бизнес; если вы преданны своему работодателю и защищаете интересы его бизнеса, как свои собственные, и если вы развиваете интуитивную сонастроенность и со своим начальником, и с Космическим Работодателем.

❖ ❖ ❖

Легко ничего не делать или потерять надежду, тем самым лишив себя стремления к достижению успеха. Легко зарабатывать деньги нечестным путем, когда для этого представляется возможность. Нет оправданий человеку, не прилагающему усилий на зарабатывание денег честным путем.

Тот, кто зарабатывает большие деньги честно, быстро и бескорыстно — ради Господа, Его труда и ради счастья других людей, — исключительный человек. Такая деятельность развивает в человеке много ценных личностных качеств, которые помогают ему и на духовном, и на материальном пути. Искусство зарабатывать деньги честно и изобретательно, чтобы потом служить Божьим деяниям, стоит по степени значимости на втором месте после искусства постижения Бога. Успех в бизнесе развивает в человеке чувство ответственности, организованность, личностные качества лидера, практические умения, которые так необходимы ему для всестороннего развития.

Изобилие и процветание

Те, кто ищет процветания только для себя, в конце концов обеднеют или будут страдать от умственной дисгармонии. Те же, кто считает своим домом весь мир и действительно заботится о благе других, а также работает для процветания определенной группы людей или всего мира, обретут личное процветание, которое по праву принадлежит им. Это непреложный тайный закон.

❖ ❖ ❖

Главный принцип закона процветания — бескорыстие.

❖ ❖ ❖

Я ничем не владею, но знаю, что, если бы я голодал, тысячи людей в этом мире накормили бы меня, потому что я помог тысячам людей. Тот же самый закон будет действовать для тех, кто думает не о себе, а о нуждах других людей.

❖ ❖ ❖

Каждый день делайте что-нибудь хорошее для людей и помогайте им — хотя бы самую малость. Если вы хотите любить Бога, вы должны любить людей. Они Его дети. Вы можете помогать материально, давая что-нибудь нуждающимся, или психологически — утешая тех, кто в печали; воодушевляя тех, кто живет в страхе; даря божественную дружбу и оказывая моральную поддержку слабым. Вы также сеете семена добра, когда пробуждаете в людях интерес к Богу, когда развиваете в них еще большую любовь к Нему и более глубокую веру. Когда вы уйдете из этого мира, все ваши материальные богатства останутся здесь, а все ваши добрые дела останутся с вами. Богатые люди, живущие как скупцы, и эгоистичные люди, не помогающие другим, не будут процветать в следующей жизни. Но те, кто дают и делятся — неважно, богаты они или бедны, — привлекут к себе изобилие и процветание. Таков Божий закон.

❖ ❖ ❖

Думайте о Божественном Изобилии как о сильном освежающем ливне. Он наполнит любой сосуд, который найдется у вас под рукой. Если вы подставите маленькую чашку, в нее наберется немного воды. Если подставите большую чашу, воды наберется больше. Какой сосуд вы подставляете под ливень Божественного Изобилия? И не протекает ли ваш сосуд? Если это так, вы должны починить его, прогнав страх, ненависть, сомнения и зависть, а затем промыть его в очищающих водах внутреннего покоя, безмятежности, поклонения и любви. Божественное Изобилие дается согласно закону служения и щедрости. Дарите и прибудет вам. Дарите миру самое лучшее из того, что имеете, и к вам придет самое лучшее.

❖ ❖ ❖

Благодарность и восхваление открывают в вашем сознании путь, ведущий к духовному росту и обеспечению. Дух всегда стремится проявить Себя и принять ощутимые формы, как только открывается канал, по которому Он может течь.

❖ ❖ ❖

«Я удовлетворяю потребности и навечно сохраняю обретения тех, кто, медитируя на Меня, как на своего Самого Родного и Близкого, всегда соединен со Мною непрестанным поклонением»[1].

[Те], кто любит Создателя и ощущает Его присутствие при любых обстоятельствах, обнаруживают, что Господь кропотливо заботится об их благополучии и, даруя им божественное предвидение, очищает их путь от препятствий.

Этот стих из Гиты напоминает нам о словах Христа: «Ищите же прежде Царства Божия и правды Его, и это все приложится вам»[2].

---

[1] Бхагавад-Гита IX:22.
[2] Мф. 6:33.

АФФИРМАЦИИ ДЛЯ ДОСТИЖЕНИЯ УСПЕХА

Я буду жить с абсолютной верой в силу Вездесущего Добра, которое будет даровать мне все необходимое в моменты моей нужды.

❖ ❖ ❖

Я обладаю силой преодолеть все препятствия и соблазны. Я разовью в себе эту неукротимую силу и энергию.

АФФИРМАЦИИ
БОЖЕСТВЕННОГО ИЗОБИЛИЯ

О Небесный Отец, я желаю безграничного процветания, здоровья и мудрости не от земных источников, а из Твоих рук — щедрых, всемогущих, полных благ.

❖ ❖ ❖

Я не буду попрошайкой, вымаливающим ограниченное смертное благосостояние, здоровье и знание. Я Твое дитя, и посему я требую ту долю Твоих несметных богатств, которая полагается Божьему сыну.

❖ ❖ ❖

Божественный Отец, услышь мою молитву! Неважно, владею я чем-то или нет, — даруй мне силу обретать одним лишь усилием воли все то, в чем я ежедневно нуждаюсь.

Глава 8

Внутренний покой: противоядие от страха, стресса и беспокойства

Идеальное состояние для восприятия жизни — это спокойствие. Нервозность противоположна спокойствию, а повсеместная распространенность нервозности в наши дни возвела ее в ранг почти мировой болезни.

❖ ❖ ❖

Тот, чьи мысли негармоничны, во всем находит одну лишь дисгармонию. Гармония по большей части исходит изнутри, а не от внешних условий. Культивируйте гармонию внутри себя, и вы будете заряжать ею окружающих. В какое бы окружение вы ни попали, вы сможете находить в нем гармонию даже в самых неблагоприятных обстоятельствах.

❖ ❖ ❖

Когда вы беспокоитесь, в «радиоприемнике» вашего ума образуются «помехи». Песнь Господа — это песня внутреннего покоя. Нервозность — это «помехи», а спокойствие — голос Бога, говорящего с вами по «радиоприемнику» вашей души.

❖ ❖ ❖

Спокойствие — это живое дыхание Божьего бессмертия в вас.

❖ ❖ ❖

Во всех действиях вас должно сопровождать чувство

покоя. Это самое лучшее лекарство для тела, ума и души. Это самый прекрасный образ жизни.

❖ ❖ ❖

Внутренний покой — это Божий алтарь; это состояние, в котором живет счастье.

❖ ❖ ❖

Если вы будете твердо придерживаться своего решения никогда не терять внутреннего спокойствия, вы сможете обрести благочестие. Храните внутри себя тайный чертог тишины, в который вы не впустите ни плохое настроение, ни ссоры, ни дисгармонию. Не впускайте туда ненависть, мстительность и желания. В этом чертоге покоя вас посетит Бог.

❖ ❖ ❖

Покой нельзя купить. Вы должны научиться «производить» его внутри себя в тишине своих ежедневных медитаций.

❖ ❖ ❖

Нам нужно создать для себя модель жизни по принципу треугольника: две его стороны — спокойствие и мягкость, а его основание — счастье. Каждый день вы должны напоминать себе: «Я — принц покоя. Я управляю своим царством активности, восседая на троне внутреннего равновесия». Как бы и где бы человек ни действовал — быстро или медленно, в одиночестве или в толпе, — его внутренний центр должен быть спокоен, уравновешен.

Нервозность

Спокойный от природы человек сохраняет здравомыслие, чувство юмора и чувство справедливости при любых обстоятельствах. Он не отравляет свои телесные ткани гневом или страхом, которые оказывают вредное воздействие на циркуляцию крови. Общеизвестно, что молоко рассерженной матери может нанести вред ребенку. А что может быть более убедительным, чем тот факт, что агрессивные эмоции в конце концов превращают тело в жалкую развалину?

❖ ❖ ❖

Постоянное переживание страха, злобы, грусти, сожаления, зависти, печали, ненависти, недовольства и тревоги, а также отсутствие необходимых условий для нормальной и счастливой жизни (правильного питания, полезных физических упражнений, свежего воздуха, солнечного света, приятной работы и четкой цели в жизни) — все это является причиной нервных заболеваний.

❖ ❖ ❖

Если мы подсоединим лампочку на 120 вольт к источнику с напряжением 2000 вольт, лампочка перегорит. Аналогично этому, наша нервная система не в состоянии выдержать напряжение разрушительной силы эмоций или нескончаемого потока негативных мыслей и чувств.

❖ ❖ ❖

Нервозность можно вылечить. Страдающий ею должен быть готов проанализировать свое состояние и освободиться от вредных эмоций и негативных мыслей, которые постепенно разрушают его. Объективный анализ своих проблем[1] и сохра-

---

[1] См. главу 6.

нение спокойствия во всех жизненных ситуациях излечат даже самый тяжелый случай нервозности. Страдающий нервозностью должен понимать, в чем его проблема, и должен размышлять над повторяющимися ошибками, которые он допускает в своем мышлении и которые ответственны за его жизненное неблагополучие.

❖ ❖ ❖

Если вы куда-то спешите в состоянии эмоционального возбуждения, то по прибытии на место вы не сможете получить ожидаемого удовольствия. Поэтому действуйте наоборот: всегда сохраняйте спокойствие. Как только ваш ум забеспокоился, приструните его своей волей и дайте ему команду прийти в состояние покоя.

❖ ❖ ❖

Возбуждение нарушает нервный баланс, посылая слишком много энергии в одни части тела и лишая другие положенной им доли. Неравномерное распределение нервной энергии является единственной причиной нервозности.

❖ ❖ ❖

Спокойное, расслабленное тело приводит ум в состояние покоя.

❖ ❖ ❖

[*Техника расслабления тела:*] [1]

Напряжение волевым усилием. Напрягая те или иные мышцы,

---

[1] Здесь приводятся упрощенные инструкции по особой технике для перезарядки тела и полного его расслабления. Полностью эта техника, разработанная Парамахансой Йоганандой в 1916 году, описана в *Уроках Self-Realization Fellowship.* В последние годы общий принцип напряжения и релаксации был признан официальной медициной и теперь используется как терапевтическое средство при многих заболеваниях, включая неврастению и гипертонию.

волевым усилием мысленно направьте жизненную энергию во все части тела или же в одну из них. Почувствуйте, как в них вибрирует энергия, как она заряжает и наполняет их жизненной силой. *Ощущение тела после расслабления.* Отпустите напряжение и ощутите успокаивающий прилив новой жизни в заряженной части тела. *Почувствуйте,* что вы не тело, а жизнь, его поддерживающая. *Почувствуйте* покой, свободу и ясность ума как результат глубокого расслабления с помощью этой техники.

❖ ❖ ❖

Если каждое движение вашего тела, каждая ваша мысль, ваша сила воли и ваша любовь пропитаны покоем, а устремления — мыслью о Боге, знайте: вы соединили свою жизнь с Господом.

Страх и тревоги

Хотя жизнь порой кажется капризной, неопределенной и полной всевозможных проблем, вы всегда находитесь под любящей защитой Бога.

❖ ❖ ❖

Никогда не впадайте в беспокойство. Помните: когда вы волнуетесь и тревожитесь, вы еще глубже погружаетесь в космическую иллюзию [1].

❖ ❖ ❖

Страх перед неудачей или болезнью развивается, когда вы думаете о них так часто, что ваши опасения пускают корни в

---

[1] Утрата памяти о своей истинной природе — всемогущей душе, единой с Богом — является причиной всех страданий человека и его ограничений. Йога учит, что эта забывчивость, или неведение, порождается *майей,* космической иллюзией.

подсознании, а затем — в сверхсознании[1]. Опасение, укоренившееся в сверхсознании и подсознании, начинает прорастать, и вскоре сознательный ум наполняется растениями страха, избавиться от которых намного труднее, чем от мысли, которая их породила. Растения страха в конце концов приносят ядовитые, смертельные плоды. Вырывайте их с корнем посредством волевой концентрации на мужество и переключайте свое сознание на абсолютный Божественный покой, который живет внутри вас.

❖ ❖ ❖

Если какая-то проблема внушает вам страх, перестаньте о ней думать и вручите ее Богу. Верьте в Него. Большинство страданий вызывается именно беспокойством. Зачем страдать сейчас, когда болезнь еще не пришла? Поскольку большинство наших болезней порождаются страхом, отбросьте страх, и вы сразу станете свободными. Ваше исцеление будет мгновенным. Каждую ночь перед сном повторяйте: «Небесный Отец со мной. Я защищен». Мысленно окружайте себя Духом. И вы почувствуете Его оберегающую силу.

❖ ❖ ❖

Если ваше сознание устремлено к Богу, у вас не будет страха. Каждое препятствие будет преодолено мужеством и верой.

❖ ❖ ❖

Страх исходит из сердца. Когда вас одолевает сильный страх перед болезнью или несчастьем, следует несколько раз вдохнуть и выдохнуть — медленно, глубоко и ритмично, расслабляясь после каждого выдоха. Это помогает нормализовать циркуляцию крови. Если ваше сердце на самом деле спокойно, у вас не может быть чувства страха.

---

[1] Высший разум, наделяющий силой подсознание и сознательный ум человека.

❖ ❖ ❖

Расслабление ума заключается в способности освобождать внимание от досаждающих тревог о прошлых и настоящих проблемах; от постоянного осознания своего бремени; от боязни происшествий и других навязчивых страхов; от жадности, страсти или иных волнующих мыслей и привязанностей. Мастерство в расслаблении ума приходит с практикой. Оно достигается тогда, когда человек избавляется от беспокойных мыслей и всецело сосредотачивается на чувстве покоя и внутренней удовлетворенности.

❖ ❖ ❖

Забудьте о прошлом, ибо оно уже вам не принадлежит. Забудьте о будущем, ибо оно находится вне досягаемости. Возьмите под контроль настоящее! Будьте предельно счастливы сейчас! Это смоет все темные пятна прошлого и обелит будущее. Таков путь мудрости.

❖ ❖ ❖

Когда мы вынуждены делать много дел одновременно, мы падаем духом. Но вместо того чтобы переживать о несделанном, просто скажите себе: «Этот час принадлежит мне, и я сделаю все, что в моих силах». Часы не могут отстучать 24 часа за одну минуту, и вы не можете сделать за час то, что делается за 24 часа. Живите настоящим, полностью проживайте каждый его момент, и будущее устроится само собой. Наслаждайтесь красотой и чудом каждого мгновения. Практикуйте ощущение внутреннего покоя. Чем чаще вы будете это делать, тем явственнее станете ощущать присутствие этой силы в вашей жизни.

❖ ❖ ❖

Современный человек получает наслаждение от приобретения вещей и накопления собственности — чем больше, тем лучше; жизнь других людей его не интересует. Но не лучше ли жить просто, без особой роскоши, но при этом меньше переживая? Ведь когда человек не щадит себя, он даже не может насладиться тем, что имеет. Придет время, когда человечество начнет избавляться от сознания потребности в стольких материальных вещах. Люди станут находить больше покоя и защищенности в простой жизни.

❖ ❖ ❖

Неисправимый трудоголик, работающий без передышки семь дней в неделю, порабощает душу своей механической деятельностью. Такой человек теряет способность управлять своими делами, задействуя свободу воли, внутренний покой и умение распознавать. Он превращается в развалину как на физическом, так и на умственном плане, лишая себя духовного счастья. Деятельность и умиротворенность должны быть сбалансированы, чтобы вы могли наслаждаться покоем и счастьем как в периоды активности, так и в периоды безмолвия.

❖ ❖ ❖

Соблюдать священный день отдохновения[1], посвящая его Богу и развитию внутренней культуры, — значит с готовностью оставлять деятельность, которая уводит ум в сторону материального. Все выполняемые в этот день дела должны напоминать о Боге и быть духовно благотворными. Из-за огромного количества материальных соблазнов в день

---

[1] Он же «день субботний»; от ивр. *шабат* — «прекращать деятельность, отдыхать». Священный день отдохновения необязательно соблюдать в какой-то определенный день недели — можно выбрать любой удобный для себя день или же следовать традициям своего сообщества.

отдохновения мысли людей разбредаются в разные стороны. Почему не уделяется время восстанавливающему силы покою, а также самоанализу и продумыванию правильных действий для предстоящей недели? День отдохновения, проведенный в тишине, медитации и творческом мышлении (имеется в виду не производство спонтанных умозаключений, а успокоение мыслей, на место которых приходит интуитивное восприятие), заряжает человека гармонией, покоем, а также умственной и физической силой. Это позволяет ему задействовать свое умение распознавать и развиваться физически, умственно и духовно — самым эффективным образом.

❖ ❖ ❖

Если вы постоянно выписываете чеки, не пополняя свой счет, когда-нибудь ваши деньги закончатся. Так и с жизнью. Если вы не будете регулярно пополнять свой «жизненный счет» покоем, вас покинут силы, спокойствие и счастье. В конце концов вы потерпите банкротство — эмоциональное, умственное, физическое и духовное. А вот ежедневное общение с Богом будет постоянно восстанавливать ваш внутренний баланс.

❖ ❖ ❖

Как бы мы ни были заняты, мы должны время от времени полностью освобождать свой ум от тревог и мыслей о текущих делах. Сосредотачиваясь на внутреннем покое, на первых порах старайтесь отстраняться от подобных мыслей хотя бы на одну минуту. Затем пытайтесь удерживать ум в состоянии покоя в течение нескольких минут. После этого вспоминайте какое-нибудь приятное событие из своей жизни, оживляйте его в памяти, погружайтесь в него и мысленно переживайте его снова и снова, пока ваши волнения и тревоги полностью не покинут вас.

❖ ❖ ❖

Когда на человека обрушивается слишком много психологических испытаний, волнений и тревог, он должен попытаться уснуть. Если ему это удастся, то проснувшись, он обнаружит, что психическое напряжение прошло и тревога ослабила свою хватку[1]. Во времена испытаний мы должны напоминать себе, что, даже когда мы умрем, Земля все равно будет вращаться вокруг своей оси и жизнь будет идти своим чередом. Поэтому беспокоиться просто нет смысла.

❖ ❖ ❖

Жизнь станет развлечением, если мы не будем принимать ее слишком всерьез. Смех — отличное средство от всех людских болезней. Одна из наилучших черт американского народа — это его способность смеяться. Быть способным смеяться — это просто прекрасно! Это то, чему меня научил мой гуру [Свами Шри Юктешвар]. Когда я начинал свое обучение в его ашраме, я ходил с серьезным лицом и никогда не улыбался. Однажды Мастер многозначительно заметил: «Да ты никак хоронишь кого-то? Разве не знаешь, что найти Бога — значит похоронить все печали? И что же ты такой мрачный? Не принимай эту жизнь слишком всерьез!»

❖ ❖ ❖

Зная, что вы — дитя Божье, примите решение сохранять спокойствие при любых обстоятельствах. Если ваш ум полностью отождествляет себя с вашими делами, вы не можете устремить свое сознание к Богу. Но, если вы, будучи

---

[1] Как объясняется на стр. 16, душа, погруженная в подсознательное состояние сна, временно отстраняется от всех проблем, порождаемых привязанностью к телу и опытом телесного сознания. Однако еще более эффективным методом для достижения подобного состояния является сверхсознательное общение с Богом в глубокой медитации.

внешне активным, внутренне спокойны и восприимчивы к Нему, то тогда вы активны самым надлежащим образом.

❖ ❖ ❖

Посредством медитации человек может обрести нерушимый внутренний покой, который будет умиротворять сознание как в гармоничной деятельности, так и при выполнении сложных жизненных задач. Быть способным сохранять спокойствие ума в то время, когда тревоги пытаются нарушить внутреннее состояние невозмутимости — или когда успех норовит взбудоражить ум, — значит достичь непреложного счастья.

Горная порода не в состоянии сопротивляться абразивному воздействию морских волн; индивидуум, лишенный прочного внутреннего покоя, не в состоянии сохранять умиротворенность, когда он испытывает внутренний конфликт. Однако, подобно тому как алмаз не теряет своей формы посреди бушующих волн, так и человек, «кристаллизовавший» свой покой, лучится безмятежностью, даже когда на него со всех сторон наваливаются испытания. В изменчивых водах жизни мы должны оберегать алмаз неизменного сознания души, который сияет вечной радостью Духа[1]. Для этого необходима медитация.

❖ ❖ ❖

---

[1] «Состояние полного покоя чувств (*читта*), достигнутое посредством йогической медитации, в котором маленькое „я“ (эго) воспринимает себя как высшее „Я“ (душу) и утверждается в этом высшем „Я“; состояние, в котором неизмеримое блаженство, недоступное пяти чувствам, познается пробужденным интуитивным разумом; [состояние], которое у йога уже нельзя отнять; состояние, которое делает йога обладателем сокровища, превосходящего все сокровища; состояние, в котором он неподвержен воздействию величайшей из печалей, — это состояние называется йогой — освобождением от страданий. Поэтому следует заниматься йогой с решимостью и отвагой» (Бхагавад-Гита VI:20-23).

Осознание того, что наша способность думать, говорить, чувствовать и действовать приходит от Бога и что Он, пребывая всегда с нами, нас вдохновляет и направляет, приносит мгновенное освобождение от нервозности. Вместе с этим осознанием придут всплески божественной радости, и глубокое просветление охватит все существо человека, стирая в его памяти само понятие страха. Подобно могучему океану, Божья сила станет приливать, наполняя сердце очищающими водами и снося все барьеры иллюзорных сомнений, нервозности и страха. Обманчивость материи и осознание себя лишь бренным телом преодолеваются переживанием безмятежного покоя, исходящего от Духа. Такое переживание становится досягаемым, если медитировать ежедневно. Так вы познаете, что тело — это всего лишь пузырик энергии в Его космическом море.

———◆•◆———

АФФИРМАЦИИ ДЛЯ ВНУТРЕННЕГО ПОКОЯ

Я — принц покоя. Я управляю своим царством активности, восседая на троне внутреннего равновесия.

❖ ❖ ❖

Как только меня одолеет беспокойство, я погружусь в тишину и буду медитировать до тех пор, пока мой ум не придет в состояние покоя.

❖ ❖ ❖

Я не буду лениться и не буду чрезмерно активным. В каждой жизненной ситуации я буду делать все, что в моих силах, не беспокоясь о будущем.

Глава 9

Как развить в себе желаемые качества

Мы есть то, что мы *думаем о себе*. Наши таланты, способности и личностные черты определяются нашими мыслями, нашим привычным мышлением. Таким образом, кто-то *думает*, что он писатель или художник, кто-то считает себя предприимчивым или, наоборот, ленивым и тому подобное. А что, если вы хотите быть другим — не таким, каким вы себя считаете? Вы можете возразить, что другие уже родились с талантом, который и вы хотели бы иметь, но не имеете. Это правда. Но когда-то же они сформировали привычку к определенному занятию, одним словом, развили свою способность, — если не в этой жизни, так в предыдущей[1]. Поэтому, кем бы вы ни хотели стать, начинайте сегодня развивать в себе способности, необходимые для достижения своего идеала. Вы можете привить себе склонность к чему угодно прямо сейчас, если посеете в своем сознании соответствующую мысль, полную силы и решимости. И тогда все ваше существо и все ваши действия подчинятся этой мысли.

❖ ❖ ❖

Никогда не теряйте надежды стать лучше. Человек становится старым только тогда, когда он отказывается приложить усилие, чтобы измениться. Такой застой — единственное состояние, которое я называю старостью. Когда человек без конца повторяет: «Я не могу измениться;

---

[1] См. *реинкарнация* в глоссарии.

я такой, какой я есть», тогда мне остается только сказать: «Хорошо, оставайся таким, если на то твоя воля».

❖ ❖ ❖

Каким бы ни было ваше сегодняшнее положение, вы можете измениться к лучшему, если будете придерживаться дисциплины, самоконтроля, а также законов здоровья и правильного питания. Почему вы считаете, что не можете измениться? Ведь скрытой причиной любой слабости является умственная лень.

❖ ❖ ❖

У каждого из вас есть черты характера, которые ограничивают ваши возможности. Но это не Бог сделал их частью вашей натуры — вы их создали сами. Именно эти черты вы и должны изменить. Вы должны помнить, что привычки, свойственные вашей натуре, есть не что иное, как проявление ваших собственных мыслей.

❖ ❖ ❖

Все сущее сотворяется из сознания в чистом виде; внешняя форма вещей есть результат относительности сознания [1]. Поэтому, если вы хотите что-то изменить в себе, вы должны изменить свои мысли, которые побуждают ваше сознание материализовываться в разнообразные формы и действия. Так, и только так вы сможете перестроить свою жизнь.

---

[1] Йога учит, что мысль Бога является основой мироздания. Подобно тому как путем конденсации пар превращается в воду, а вода может перейти в твердое состояние льда, так и все виды энергии и материи представляют собой сконденсированное сознание. Физики двадцатого века стали открывать то, что йоги знают с древнейших времен. Британский ученый сэр Джеймс Джинс писал: «Вселенная начинает больше походить на огромную мысль, чем на огромный механизм». А Эйнштейн сказал: «Я хочу знать, как Бог создал мир. Мне не интересны те или иные явления в спектре того или иного элемента. Я хочу знать Его мысли; остальное — это детали».

❖ ❖ ❖

Загляните внутрь себя и определите, какие черты в вас преобладают. Не пытайтесь изменить в себе хорошие черты — избавьтесь от всего того, что вы делаете против своей воли, оставаясь в итоге несчастным. Как это сделать? Перед тем как ложиться спать, а также сразу после пробуждения произносите аффирмацию: «Я могу измениться. У меня есть воля, чтобы измениться. И я изменюсь!» Придерживайтесь этой мысли в течение дня и берите ее с собой в подсознательное царство сна, а также в сверхсознательное царство медитации.

❖ ❖ ❖

Все, что вам нужно сделать, — это отбросить те мысли, от которых вы хотите избавиться, и заменить их конструктивными мыслями. Это ключ к раю, и он — в ваших руках.

Интроспекция:
секрет личностного развития

Первым делом вы должны проанализировать себя. Оцените все свои личностные черты, все свои привычки и определите, что именно препятствует вашему продвижению вперед. Чаще всего это инерция, отсутствие конкретных усилий и внимания. А иногда это привычки-сорняки, от которых нужно очистить сад своей жизни, для того чтобы истинное счастье могло пустить крепкие корни.

❖ ❖ ❖

Секрет личностного развития кроется в интроспекции, самоанализе. Это зеркало, в котором проявляются тайники вашего мышления, обычно скрытые от вас. Диагностируйте свои неудачи и выявите свои склонности — и хорошие, и плохие. Подвергайте себя самоанализу: думайте о том, что вы из себя представляете, кем хотите стать и какие ваши недостатки препятствуют этому.

❖ ❖ ❖

Миллионы людей никогда не анализируют себя. В психологическом плане они — механический продукт своей окружающей среды. Они живут заботами о «завтраке-обеде-ужине». Они работают, спят и время от времени ищут развлечений. Они не знают, *что* они ищут и *зачем*. Они не знают, почему им никогда не удаётся ощутить полное счастье и удовлетворённость. Избегая самоанализа, люди живут как роботы под влиянием окружающей среды. Подлинный самоанализ — это величайшее искусство личностного развития.

Каждый должен научиться анализировать себя беспристрастно. Каждый день излагайте на бумаге свои мысли и устремления. Узнайте, какой вы есть на самом деле, а не в своём воображении — ведь вы хотите стать таким, каким вам следует быть. Большинство людей не меняются, потому что они не замечают своих недостатков.

❖ ❖ ❖

Тому, кто никогда не вёл дневник своих мыслей, следовало бы заняться этой полезной практикой. Простое знание того, как часто и почему человек терпит неудачи в повседневной жизни, может воодушевить его прилагать больше усилий, чтобы стать таким, каким он должен быть. Ведя подобный дневник и применяя свою проницательность, мы можем избавиться от плохих привычек, приносящих страдания и нам, и окружающим. Перед сном мы всегда должны спрашивать себя, сколько времени в течение дня мы провели с Богом. Мы также должны подводить итоги дня: достаточно ли долго мы предавались глубоким размышлениям, хорошо ли исполнили свои обязанности, *что* сделали для других и какую степень самоконтроля мы проявили в разных ситуациях прошедшего дня.

❖ ❖ ❖

Мысленно рисуя такие «диаграммы», вы сможете ежедневно отслеживать свой прогресс. Вам не нужно прятаться от самого себя. Вы должны знать самого себя. Ведя дневник самоанализа, вы берете под наблюдение свои плохие привычки и готовитесь покончить с ними.

Как устоять перед соблазнами

Порой нам кажется, что трудно быть хорошим, а вот быть плохим — легко; и что отказаться от плохого — значит что-то потерять. Но я вам скажу: единственное, что вы потеряете — это горечь и печаль.

❖ ❖ ❖

Все то, от чего нас предостерегали великие святые, подобно отравленному меду. И я вам говорю: не пробуйте его. Вы можете возразить: «Но он же сладок!» Я же в ответ скажу: после того как вы его попробуете, он вас уничтожит. Зло было сотворено сладким, чтобы ввести вас в заблуждение. Вы должны использовать духовное распознание для того, чтобы видеть разницу между отравленным медом и тем, что служит вашим интересам. Избегайте всего, что в конечном счете навредит вам, и выбирайте то, что принесет вам свободу и счастье.

❖ ❖ ❖

Печаль, болезнь и неудача — естественные результаты нарушения Божьих законов. Мудрость состоит в том, чтобы избегать таких нарушений и искать счастье и покой внутри себя с помощью мыслей и действий, которые находятся в гармонии с вашим истинным «Я».

❖ ❖ ❖

Всякий раз, когда вы испытываете какое-то сильное желание, используйте духовное распознание. Спросите себя: «Если я удовлетворю это желание, что оно принесет мне в результате — добро или зло?»

❖ ❖ ❖

Материальные желания несут в себе ложную надежду на счастье и удовлетворенность и поэтому способствуют формированию наших плохих привычек. Когда человека начинает одолевать материальное желание, он должен призвать всю силу своего распознания, для того чтобы вспомнить истину: плохие привычки в конечном счете приводят к несчастью. Обнаруженные таким образом, плохие привычки теряют силу и уже не могут удержать человека в своей власти.

❖ ❖ ❖

Избегать соблазнов — не значит отказываться от наслаждений жизни. Это означает иметь полный контроль над тем, что вы хотите сделать. Я указываю вам путь к настоящей свободе, а не к ложной, которая принуждает вас делать то, к чему призывают вас ваши плохие привычки.

❖ ❖ ❖

Старый ортодоксальный метод отказа от соблазна — подавление его. Но вы должны научиться *держать соблазн под контролем*. Иметь соблазн — не грех. Даже если вы горите от соблазна, вы не порочны; когда же вы поддаетесь соблазну, вы временно оказываетесь в плену порока. Вы должны стать выше тела, чтобы остаться верным мудрости. Соблазн одолевается только мудростью. Когда вы имеете полное понимание, ничто не может побудить вас совершать действия, которые сулят наслаждение, а в конечном счете приносят вред.

❖ ❖ ❖

Пока вы еще не обрели мудрость, знайте: когда приходит соблазн, вы должны первым делом остановить свое действие или желание, а затем уже начать размышлять. Если вы сначала будете пытаться размышлять, вы будете вынуждены — против своей же воли — сделать то, чего не хотите делать, потому что соблазн победит рассудок. Просто говорите «нет», поднимайтесь и уходите. Это самый надежный способ скрыться от дьявола[1]. Чем больше вы развиваете в себе способность говорить «нет» соблазну, тем счастливее вы становитесь, потому что радость всецело зависит от способности делать то, что приказывает вам ваша совесть.

❖ ❖ ❖

Когда вы говорите искушению «нет», вы должны говорить это всерьез. И не уступайте! Бесхребетный слабак все время говорит «да», а сильные умы полны всевозможных «нет».

❖ ❖ ❖

Когда вы принимаете решение, например, не курить, разумно питаться, не лгать, не хитрить, — будьте тверды: следуйте своему благородному желанию и не поддавайтесь

---

[1] Сатана; сознательная сила космической иллюзии, цель которой — держать человека в духовном неведении, чтобы он не знал о своем божественном происхождении. См. *майя* в глоссарии.

слабостям. Нездоровое окружение ослабляет вашу силу воли и вызывает в вас нездоровые желания. Живя с ворами, человек думает, что только так и можно жить. Но пожив с духовно развитыми людьми и познав радость общения с Богом, он уже не сможет поддаться влиянию земных искушений.

◆ ◆ ◆

Если у вас есть какая-то вредная привычка или кармическая склонность к ней, не водитесь с теми, у кого есть такая же привычка. Если вы склонны к чревоугодию, избегайте тех, кто много ест. Если у вас есть склонность к употреблению алкоголя, держитесь подальше о тех, кто выпивает. Люди, поддерживающие вашу вредную привычку, не годятся вам в друзья. Из-за них вы не познаете радость вашей души. Избегайте компании тех, кто творит зло; водитесь с хорошими людьми.

◆ ◆ ◆

Ваше окружение оказывает на вашу жизнь самое сильное влияние — более сильное, чем ваша сила воли. Смените свое окружение, если это необходимо.

◆ ◆ ◆

Есть два вида жизненной среды: внутренняя и внешняя, и за обеими нужно очень внимательно следить.

◆ ◆ ◆

Следите за своими мыслями. Весь жизненный опыт проходит через ваши мысли. Они — ваши попутчики. Это они вас вдохновляют или вводят в депрессию.

◆ ◆ ◆

Вы должны быть сильнее вибраций мыслей и идей, постоянно исходящих от людей. Тогда вы сможете устоять перед плохими вибрациями, которые могут оказаться в вашем окружении.

❖ ❖ ❖

Думайте о Боге как о своей окружающей среде. Будьте едины с Ним, и ничто не сможет причинить вам вред.

❖ ❖ ❖

У каждого действия есть свой мысленный двойник. Мы совершаем действие, используя физическую силу, но исходит оно непосредственно из ума, и управляет им мысль-капитан. Воровство — это зло; но еще большее зло — мысль о воровстве, побуждающая совершить злодеяние наяву. В действительности преступником выступает ум. Если вы хотите избежать какого-то порочного действия, сначала отбросьте мысль о нем. Если вы концентрируетесь на физическом действии, сдержаться будет очень трудно. Направляйте свое внимание на ум: исправляйте свои мысли, и действия исправятся автоматически.

❖ ❖ ❖

Как только к вам приходит недобрая мысль, сразу же отбрасывайте ее. И тогда Сатана ничего не сможет с вами сделать. Но как только вы задумываете зло, вы идете навстречу Сатане. Вы постоянно мечетесь между добром и злом, но для того чтобы спастись от зла, вы должны идти туда, где Сатане до вас не дотянуться: глубоко в сердце Бога.

❖ ❖ ❖

Добродетель и чистота не являются признаком слабости. Напротив, это сильные качества, способные противостоять силам зла. В вашей власти решать, сколько любви, чистоты, красоты и духовной радости вы будете проявлять не только своими делами, но и в своих мыслях, чувствах и желаниях. Держите в чистоте свой ум, и вы обнаружите, что Бог всегда с вами. Вы услышите, как Он говорит с вами на языке вашей души, вы увидите Его лицо в каждом цветке, кусте, в каждой травинке, в каждой мимолетной мысли. «Блаженны чистые сердцем, ибо они Бога узрят» [1].

❖ ❖ ❖

Наиболее успешно соблазн преодолевается с помощью сравнения. Начните больше медитировать и посмотрите, не получаете ли вы больше радости от медитации.

❖ ❖ ❖

Если вы будете погружаться умом внутрь себя, то со временем вы обнаружите, что внутри намного больше прекрасных вещей, чем во внешнем мире.

❖ ❖ ❖

Если бы вы только *взглянули* на свою душу, всесовершенное отражение Бога внутри вас, вы бы обнаружили, что все ваши желания исполнились!

❖ ❖ ❖

Когда у человека нет внутренней радости, он обращается к злу. Медитация на Благостного Бога наполняет нас благостью.

❖ ❖ ❖

Эго пытается погасить непрекращающееся томление души по Богу с помощью средств материального мира. Это лишь усугубляет страдания человека, ибо попытки эго далеки от успеха. Потворство чувствам и ощущениям не может

[1] Мф. 5:8.

утолить духовную жажду. Когда человек наконец осознает это и укротит свое эго, то есть обретет самоконтроль, его жизнь озарится осознанием Небесного Блаженства. И тогда внимание человека, вместо того чтобы рабски следовать за физическими желаниями, направится в сердце Вездесущности и останется там навсегда вместе с Радостью, таящейся во всём.

Правильное отношение к прошлым ошибкам

Не стоит постоянно прокручивать в уме мысли о совершенных вами ошибках. Сегодня они уже не ваши. Забудьте о них. Привычку и память формирует именно ваше внимание. Как только вы ставите иглу на грампластинку, граммофон начинает проигрывать звук. Внимание — это игла на пластинке с вашим прошлым. Поэтому не вспоминайте плохое. Почему вы должны постоянно страдать из-за совершенного по неразумию? Сотрите в памяти все свои прошлые ошибки и позаботьтесь о том, чтобы их больше не повторять.

❖ ❖ ❖

Возможно, совершенный вами в прошлом проступок все еще беспокоит вас — но не Бога. Прошлое есть прошлое. Вы — Его дитя, а проступок вы совершили оттого, что не знали Небесного Отца. Он не сердится на вас за зло, совершенное в неведении. Он просит вас лишь об одном: чтобы вы больше не совершали плохих поступков. И Он хочет узнать, искренны ли вы в своем желании быть хорошим.

❖ ❖ ❖

«Забудь минувшее, — говорил Шри Юктешвар. — Прошлое каждого омрачено постыдными мыслями и делами. Поведение человека всегда будет ненадежным, пока он не бросит якорь в Божественном. В будущем все станет лучше, если ты делаешь духовное усилие сегодня».

❖ ❖ ❖

Не считайте себя грешником. Вы — дитя Небесного Отца. Даже если вы самый большой грешник — забудьте об этом. Если вы решили для себя, что будете хорошим, вы уже не грешник[1]. Начните все сначала и скажите себе: «Я всегда был хорошим. Мне лишь снилось, что я был плохим». И это действительно так, потому что зло — это просто приснившийся кошмар, оно чуждо душе.

❖ ❖ ❖

Даже если ваши ошибки глубоки, как океан, они не могут поглотить вашу душу. Примите твердое решение расчистить свой путь от ограничивающих мыслей о прошлых ошибках и продолжайте идти вперед.

❖ ❖ ❖

Вы — искра Вечного Огня. Искру можно спрятать, но ее невозможно уничтожить.

❖ ❖ ❖

В пещере тьма может царствовать тысячи лет, но внесите в пещеру огонь — и тьма рассеется, как будто ее и не было. Точно так же, какими бы ни были ваши недостатки, они исчезают, как только вы зажигаете в своей жизни свет добра. Свет души так велик, что его не могут уничтожить

---

[1] «Даже совершенный злодей, непрестанно медитирующий на Меня, быстро избавляется от плохих последствий своих прошлых деяний. Становясь благочестивым, он скоро обретает нескончаемый покой. Будь уверен: тот, кто преданно любит Меня и доверяет Мне, никогда не погибнет!» (Бхагавад-Гита IX:30-31)

даже бесчисленные инкарнации, прожитые во зле.

❖ ❖ ❖

Нет греха, которого нельзя было бы простить; нет зла, которого нельзя было бы преодолеть, ибо ничто не абсолютно в мире относительности.

❖ ❖ ❖

Бог никого не оставляет. Если вы, совершив грех, думаете, что ваша вина безмерна и нет надежды на искупление; если мир объявляет вас никчемным и говорит, что из вас ничего не получится, остановитесь на мгновение и вспомните о Божественной Матери[1]. Скажите Ей: «Божественная Мать, Я — Твое дитя, Твое непослушное дитя. Пожалуйста, прости меня». Когда вы взываете к материнскому аспекту Бога, вы не получаете резкого ответа — Божественное Сердце тает. Но Бог не станет вас поддерживать, если вы будете продолжать совершать зло. Вы должны положить конец своим порочным деяниям сразу же после своей покаянной молитвы.

❖ ❖ ❖

Святые — это грешники, которые никогда не сдавались. Какими бы ни были ваши трудности, если вы не сдаетесь, вы продвигаетесь в своей борьбе со встречным течением. Тот, кто борется, завоевывает расположение Бога.

❖ ❖ ❖

Разве алмаз будет стоить меньше, если он покрыт грязью? Бог видит неизменную красоту нашей души. Он знает, что наши ошибки — это не мы.

❖ ❖ ❖

---

[1] См. глоссарий.

Как смертный человек вы существуете недолго, но как Божье дитя вы вечны. Никогда не называйте себя грешником, потому что грех и неведение — всего лишь кошмары, снящиеся смертным существам. Когда мы пробудимся в Боге, мы обнаружим, что мы, души — чистое сознание — не совершили никакого зла. Незапятнанные опытом мирской жизни, мы всегда были, есть и будем чадами Божиими.

❖ ❖ ❖

Каждый из нас — Божье дитя. Мы были рождены в Его духе — во всей его чистоте, радости и великолепии. Это наследие неоспоримо. Признать себя грешником, обреченным на путь ошибок, — значит совершить самое большое прегрешение. Библия говорит: «Разве не знаете, что вы — храм Божий, и Дух Божий живет в вас?»[1] Всегда помните: ваш Отец любит вас безгранично, безусловно.

Избавление от плохих привычек и формирование хороших

Обратитесь к Богу, и вы заметите, как вы начнете стряхивать с себя цепи привычек и влияния окружающей среды. Когда ваше высшее «Я» отождествляет себя с эго, оно пребывает в рабстве; когда же оно отождествляет себя с душой, оно свободно.

❖ ❖ ❖

Ваш ум может нашептывать вам, что вы не способны освободиться от той или иной привычки. Но привычки — это

---

[1] 1 Кор. 3:16. В Бхагавад-Гите (XIII:22, 32) мы также находим: «Высший Дух, трансцендентный и присутствующий в теле, является Беспристрастным Свидетелем, Дозволяющим, Вседержителем, Вкушающим, Великим Господом и Высшим „Я"... Высшее „Я" не загрязняется, хотя присутствует во всех частях тела».

не что иное, как повторение ваших собственных мыслей, а свои мысли вы способны изменить.

❖ ❖ ❖

Большинство людей, решивших бросить курить или не есть сладкое, все равно продолжат делать это против своей воли. Почему? Потому что их умы, словно промокательная бумага, впитали в себя мысль-привычку. Привычка — это когда ум верит, что он не может избавиться от определенной мысли. Привычка и в самом деле очень устойчива. Как только вы совершаете действие, оно оставляет отпечаток в мозгу. Вследствие силы такого влияния вы, скорее всего, повторите это действие.

❖ ❖ ❖

Повторенное действие создает в мозгу своеобразный шаблон. Всякое действие производится как мысленно, так и физически. Повторение определенного действия и сопровождающей его мыслеформы формирует в мозгу тонкие электрические цепочки — «бороздки» наподобие звуковых дорожек на грампластинке. Всякий раз, когда вы ставите иглу своего внимания на эти бороздки электрических цепей, они проигрывают «запись» того шаблона, который вы создали. В результате многократного повторения действия эти бороздки становятся все глубже и глубже и в конце концов настолько глубокими, что при малейшем побуждении они автоматически «проигрывают» те же самые действия снова и снова.

❖ ❖ ❖

Эти мысленные шаблоны побуждают вас вести себя определенным образом и зачастую совершать действия против своей воли. Ваша жизнь движется по бороздкам, которые вы сами создали в своем мозге. В этом смысле вы — несвободный человек, вы своего рода жертва своих привычек. Вы марионетка в той же степени, в какой эти стереотипы укреплены в вашем мозге. Но вы можете нейтрализовать диктаты вредных привычек. Каким образом? Создав в мозге стереотипы противоположных, хороших привычек. И вы можете полностью стереть бороздки плохих привычек с помощью медитации.

❖ ❖ ❖

Вы должны излечить себя от вредных привычек путем «прижигания» их противоположными, хорошими привычками. Например, если у вас есть привычка говорить неправду и из-за этого вы потеряли много друзей, выработайте в себе противоположную, хорошую привычку — всегда говорить правду.

❖ ❖ ❖

Чтобы ослабить вредную привычку, старайтесь избегать всего, что вызывает или активизирует ее, и при этом не сосредотачивайтесь на желании искоренить ее. Направьте все свое внимание на хорошую привычку и последовательно развивайте ее, пока она не укрепится.

❖ ❖ ❖

Даже плохой привычке требуется время на то, чтобы укорениться, поэтому вам необходимо терпение, чтобы сформировать ее соперника — хорошую привычку. Не отчаивайтесь по поводу своих нежелательных привычек. Просто перестаньте их подпитывать постоянным повторением. Скорость формирования привычки зависит от конкретной нервной системы и работы мозга, но главным образом — от качества уделяемого ей внимания.

❖ ❖ ❖

С помощью глубокого внимания, натренированного концентрацией, можно создать новый стереотип в мозге, то есть обрести любую привычку, почти мгновенно — одним лишь усилием воли.

❖ ❖ ❖

Когда вы хотите выработать в себе хорошую привычку и избавиться от плохой, сосредотачивайтесь на мозговых клетках, кладовой привычек. Чтобы сформировать хорошую привычку, медитируйте и, сосредоточившись на центре Христа, центре воли между бровями, вдумчиво утверждайте полезную привычку, которую вы хотите заложить в себе. А если вы хотите избавиться от вредной привычки, сосредоточьтесь на центре Христа и вдумчиво утверждайте, что все бороздки вредных привычек постепенно разглаживаются и стираются.

❖ ❖ ❖

С помощью силы воли и глубокой концентрации вы можете стереть даже бороздки долголетних привычек. Если у вас, например, есть зависимость от сигарет, говорите себе: «Привычка к курению с давних пор обитает в моем мозге. Но сейчас я полностью сосредотачиваюсь на моих мозговых клетках и повелеваю привычке к курению покинуть мой мозг». Приказывайте своему мозгу снова и снова. Самое лучшее время дня для этого — утро, когда воля и внимание полны сил. Повторяйте, повторяйте и повторяйте — утверждайте свою свободу всей мощью своей силы воли. И в один прекрасный момент вы обнаружите, что освободились от цепей этой привычки.

❖ ❖ ❖

Если вы действительно хотите избавиться от вредных

привычек, то нет лучшего средства, чем медитация. Каждый раз, когда вы глубоко медитируете на Бога, в вашем мозге происходят благотворные изменения.

❖ ❖ ❖

Медитируйте на мысль «Я и Отец — одно» и старайтесь почувствовать в сердце дивный покой, а затем великую радость. Когда придет эта радость, скажите: «О Небесный Отец, Ты со мной. Я повелеваю Твоей силе, живущей во мне, сжечь в моих мозговых клетках все вредные привычки и наклонности, которые я принес из прошлых жизней». Божья сила, пробужденная медитацией, для вас это сделает. Отбросьте ограничивающее вас сознание, что вы мужчина или женщина, *внутренне почувствуйте*, что вы — Божье дитя. Затем молитесь и мысленно утверждайте: «Я приказываю мозговым клеткам преобразиться и разрушить бороздки вредных привычек, делающих из меня марионетку. Господи Всемогущий, сожги их в Своем Божественном Свете».

❖ ❖ ❖

Допустим, ваша проблема в том, что вы часто сердитесь, а затем сожалеете, что вышли из себя. Каждое утро и каждую ночь говорите себе, что вы не будете сердиться, а затем внимательно наблюдайте за собой. Первый день будет трудно, но на второй — уже легче, а на третий — еще легче. Через несколько дней вы увидите, что победа возможна. А через год, если вы не ослабите своих усилий, вы будете совсем другим человеком.

———◆◆◆———

МОЛИТВА О МУДРОСТИ

О Небесный Отец, даруй мне мудрость, чтобы я мог с радостью следовать пути праведности. Да смогу я развить проницательность души, распознающую зло даже в самых изощренных его формах и направляющую меня на скромный путь добродетели.

———◆◆◆———

АФФИРМАЦИЯ ДЛЯ ИЗБАВЛЕНИЯ ОТ ВРЕДНЫХ ПРИВЫЧЕК

[В завершение одного из своих публичных выступлений, посвященных избавлению от вредных привычек, Парамаханса Йогананда дал следующий совет:]

❖ ❖ ❖

Закройте глаза и подумайте о вредной привычке, от которой вы хотите избавиться. Убежденно говорите вместе со мной: «Я уже освободился от этой привычки. Я свободен!» Проникайтесь мыслью о свободе, не думайте о привычке.

Повторяйте за мной: «Я обновлю свое сознание. В наступившем году я стану совершенно новым человеком. Я буду обновлять свое сознание снова и снова — до тех пор, пока темнота моего неведения не расступится перед сиянием Великого Духа, по образу

Которого я сотворен».

— • —

МОЛИТВА

О Божественный Учитель, позволь мне осознать, что, хотя тьма моего неведения стара как мир, с первыми же лучами Твоего Света она исчезнет, словно ее никогда и не было.

Глава 10

Счастье

Если вы потеряли надежду стать счастливым, приободритесь! Никогда не теряйте надежды. Ваша душа, будучи отражением вечно радостного Духа, по сути и есть само счастье.

❖ ❖ ❖

Если все, чего вы хотите, — это быть счастливым, будьте же им! Разве что-то может вам помешать?

Позитивный настрой

В какой-то степени счастье зависит от внешних условий, но главным образом — от умственного настроя.

❖ ❖ ❖

Согласно положениям духовной науки, настрой ума играет решающую роль. Обучайте ум оставаться уравновешенным в любой ситуации. Ум подобен промокательной бумаге, которая принимает цвет чернил, в которые ее погружают. Большинство умов перенимают цвет своего окружения. Но нет оправданий тому, чтобы позволять обстоятельствам одерживать верх над умом. Если ваш умственный настрой постоянно меняется под бременем испытаний, вы проигрываете битву жизни.

❖ ❖ ❖

Твердая решимость быть счастливым поможет вам. Не ждите, пока изменятся ваши обстоятельства, ошибочно полагая, будто трудности возникают из-за них.

❖ ❖ ❖

Если вы хотите изменить обстоятельства, измените свои мысли. Только вы можете изменить их, поскольку только вы ответственны за свои мысли. У вас появится желание их изменить, когда вы поймете, что каждая мысль материализует свою собственную суть. Помните: этот закон действует постоянно, и ваша жизнь всегда складывается сообразно вашему привычному мышлению. Поэтому начинайте сейчас культивировать только те мысли, которые принесут вам здоровье и счастье.

❖ ❖ ❖

Человек должен понять, что атомами его тела управляет его собственный разум. И он не должен жить в затхлой каморке узкого мышления. Вдыхайте свежий воздух позитивных мыслей других людей. И выдыхайте ядовитые мысли отчаяния, недовольства и безнадежности. Питайте свой ум жизненной силой, исходящей от физически и духовно развитых умов. Не скупитесь и устраивайте пиры совместного творческого мышления. Совершайте долгие мысленные прогулки по тропе уверенности в себе. Упражняйтесь с гантелями здравомыслия, самоанализа и инициативности.

❖ ❖ ❖

Ум, будучи мозгом, чувством и восприятием всех живых клеток, может вводить человека в депрессию или давать ему ясное видение. Ум — царь, и все его клеточные подданные ведут себя согласно настроению их августейшего хозяина. Подобно тому как мы постоянно думаем о питательной ценности потребляемой нами пищи, так мы должны рассматривать и ценность психологической пищи, которой мы ежедневно снабжаем свой ум.

❖ ❖ ❖

Сущность души — блаженство, неувядающее внутреннее состояние всегда новой радости... Укоренитесь своим заблудшим сознанием в неизменном внутреннем покое, который есть трон Господень, — и ваша душа будет денно и нощно лучиться блаженством.

❖ ❖ ❖

Если вы сами не захотите быть счастливым, никто не сможет сделать вас счастливым. И не вините в этом Бога! А если вы примете решение стать счастливым, никто не сможет сделать вас несчастным. Если бы Он не дал нам свободу использовать нашу собственную силу воли, то мы могли бы обвинить Его в том, что мы несчастны, но Он все же дал нам эту свободу. Это мы делаем свою жизнь такой, какая она есть.

❖ ❖ ❖

Зачастую мы страдаем, не прилагая никаких усилий, чтобы измениться. Вот поэтому мы и не находим постоянного покоя и удовлетворенности. Если бы мы были понастойчивее, мы непременно одолели бы все трудности. Мы должны прикладывать усилия, чтобы продвигаться от несчастья к счастью, от уныния — к отваге.

❖ ❖ ❖

Смех бесконечного Господа должен исходить из вашей улыбки. Пусть ветерок Божьей любви разносит ее по всем сердцам. Ваша божественная улыбка будет заразительна; ее пламя изгонит мрак из людских сердец.

❖ ❖ ❖

Люди с сильным характером обычно самые счастливые. Они не винят других в своих неудачах, которые обычно исходят из их собственных действий и недостатка понимания. Они знают, что никто не может сделать их более или менее счастливыми, и что даже если они попадут под влияние враждебных мыслей и порочных действий других людей, то только из-за собственной слабости.

❖ ❖ ❖

Помните: как бы плохо с вами ни поступали, у вас нет права пребывать в плохом настроении. В своем уме вы всегда можете быть победителем.

❖ ❖ ❖

Высшее счастье кроется в вашей готовности развиваться и совершенствоваться. Улучшая себя и свою жизнь, вы возвышаете сознание окружающих вас людей. Человек, работающий над собой, — это все более и более счастливый человек. Чем счастливее будете вы, тем счастливее будут окружающие вас люди.

❖ ❖ ❖

Избегайте негативного отношения к жизни. Зачем упираться взглядом в сточную канаву, когда вокруг такая красота? Человек всегда может найти какой-нибудь недостаток даже в величайших шедеврах живописи, музыки и литературы. Но не лучше ли наслаждаться их красотой и великолепием?

❖ ❖ ❖

Чуть ли не каждый знаком с таким выражением: «Не замечай зла, не слушай зла, не говори зла». Я же предпочитаю позитивное утверждение: «Замечай все хорошее, слушай все хорошее, говори только хорошее».

❖ ❖ ❖

Добро и зло, положительное и отрицательное — и то и другое существует в этом мире. Многие люди стараются придерживаться позитивного мышления, но при этом совершенно необоснованно боятся негативных мыслей. Бесполезно внушать себе, что негативных мыслей не существует, но и бояться их тоже не следует. Используйте силу духовного распознания для выявления таких мыслей, а затем отбрасывайте их.

❖ ❖ ❖

Жизнь имеет и светлую сторону, и темную, потому что мир относительности состоит из света и тени. Если вы постоянно будете позволять себе думать о всем плохом, вы сами станете непривлекательными. Зрите во всем только хорошее, и вы впитаете в себя качества красоты.

❖ ❖ ❖

Размышления, чтение и осмысленное сосредоточенное утверждение истин помогут очистить ваш ум от негативных мыслей и сформировать позитивное отношение к жизни. Повторяйте молитвы и аффирмации сосредоточенно до тех пор, пока утверждаемая мысль не станет привычкой, пока она не станет такой же естественной для вас, какой была раньше негативная мысль.

Как избавиться от плохого настроения

Присущая вашей душе всегда новая радость Бога неистребима. Вот почему нельзя заглушить проявление этой радости в сознании, если человек знает, как держаться за нее, и если он не будет сознательно менять настрой своего ума и впадать в уныние, создавая этим плохое настроение.

❖ ❖ ❖

Вы — образ Бога, и вы должны вести себя как бог. Но что же происходит в действительности? Вы начинаете свое утро с того, что выходите из себя и кричите: «Мой кофе уже остыл!» Ну и что? Зачем расстраиваться из-за такой мелочи? Оберегайте уравновешенность своего ума, не впускайте гнев в то пространство, где вы абсолютно спокойны. Ваше богатство — внутренний покой. Никому и ничему не позволяйте отнять его у вас.

❖ ❖ ❖

Будьте выше всех пустяков, которые вас раздражают в жизни.

❖ ❖ ❖

Никому не нравится чувствовать себя несчастным. Так почему бы вам не проанализировать себя в следующий раз, когда у вас будет плохое настроение? И тогда вы поймете, что это вы делаете себя несчастным, причем умышленно. При этом все люди вокруг вас чувствуют непривлекательность вашего состояния ума. Поэтому вы должны смыть все пятна плохого настроения с зеркала своего ума.

❖ ❖ ❖

Всегда думайте о своем сознании как о саде и ухаживайте за ним, чтобы он оставался прекрасным и благоухал божественными помыслами. Не давайте ему превратиться в пруд, заросший тиной мрачных настроений. Если вы взрастите божественно благоухающие цветы покоя и любви, то пчела Христова Сознания [1] залетит в ваш сад. Подобно тому как

---

[1] Божье сознание, пронизывающее все мироздание. См. глоссарий.

пчелы выбирают только те цветы, которые полны сладкого нектара, Бог приходит только тогда, когда ваша жизнь полна сладких медовых помыслов.

❖ ❖ ❖

У каждой разновидности плохого настроения есть своя причина, и она кроется в вашем сознании.

❖ ❖ ❖

Каждый день человек должен подвергать себя самоанализу, для того чтобы понять природу своего плохого настроения и, если оно чревато пагубными последствиями, суметь его исправить. Например, вы обнаружили, что находитесь в состоянии полного равнодушия — абсолютно ничто не пробуждает в вас интереса. В таком случае необходимо сделать сознательное усилие, чтобы в чем-то заинтересовать себя. Остерегайтесь равнодушия — оно не дает вам продвигаться в жизни, потому что парализует вашу силу воли.

Возможно, причина вашего плохого настроения кроется в угнетенности из-за болезни и ощущении, что вы уже никогда не будете здоровы. Тогда вам нужно следовать законам здорового, активного и нравственного образа жизни, а также молиться, чтобы развить веру в целительную силу Бога.

Другой причиной плохого настроения может быть убежденность в том, что вы — безнадежный неудачник. Тогда нужно проанализировать эту проблему и выяснить для себя, все ли возможные усилия были предприняты.

❖ ❖ ❖

Вы можете победить плохое настроение, каким бы ужасным оно ни казалось. Твердо решите для себя, что навсегда забудете о плохом настроении, а если плохое настроение все же посетит вас против вашей воли, проанализируйте его причину и сделайте что-нибудь конструктивное, чтобы избавиться от него.

❖ ❖ ❖

Самое лучшее противоядие от плохого настроения — это творческое мышление[1]. Плохое настроение овладевает вашим сознанием, когда вы находитесь в негативном или пассивном состоянии ума. Плохое настроение с большой долей вероятности может настигнуть вас, когда ваш ум ничем не занят; а когда вы в плохом настроении, тогда приходит дьявол и начинает на вас воздействовать. Поэтому развивайте творческое мышление. Когда вы не заняты физической активностью, делайте какую-нибудь умственную, творческую работу. Держите свой ум настолько занятым, чтобы у вас не было времени на плохое настроение.

❖ ❖ ❖

Когда вы мыслите творчески, вы не чувствуете ни тела, ни настроения — вы на одной волне с Духом. Наш человеческий разум сотворен по подобию Его творческого разума, благодаря которому возможно все, и, если вы не живете в этом сознании, вы становитесь не чем иным, как ходячим плохим настроением. Своим творческим мышлением мы уничтожаем плохое настроение.

❖ ❖ ❖

Помните: вы чувствуете себя несчастным в основном потому, что вы недостаточно хорошо представили в уме все те прекрасные цели, которых вы хотите достичь в жизни, или потому, что вы не проявили достаточно силы воли, инициативы и терпения для того, чтобы ваши мечты материализовались.

[1] Также см. стр. 78–82.

❖ ❖ ❖

Постоянно занимайтесь чем-то конструктивным ради самосовершенствования и ради блага других, ибо тот, кто собирается войти в Божье царство, должен делать добро для других каждый день. Живя по такому принципу, вы познаете радость, прогоняющую плохое настроение, — радость осознания того, что вы продвигаетесь вперед и умственно, и физически, и духовно.

Служение людям

Счастье кроется в том, чтобы делать счастливыми других, чтобы нести радость людям, забыв о собственных интересах.

❖ ❖ ❖

Для того чтобы стать счастливым, чрезвычайно важно дарить счастье другим; это опыт, который приносит нам наибольшее удовлетворение. Некоторые люди думают только о своей семье: «Нас четверо, и нам этого хватает». Другие думают только о себе: «А как же *мне* стать счастливым?» Но это те люди, которые так и не становятся счастливыми!

❖ ❖ ❖

Эгоистичная жизнь — источник всех страданий.

❖ ❖ ❖

Помогая другим духовно, материально или же советом, вы будете обнаруживать, что все ваши потребности восполняются. Если в служении другим людям вы забываете о себе, чаша вашего счастья будет сама собой наполняться доверху.

❖ ❖ ❖

Когда вы появились на свет, все вокруг улыбались, а вы плакали. Вы должны прожить свою жизнь так, чтобы, когда вы уйдете, все плакали, а вы — улыбались.

❖ ❖ ❖

Чем глубже вы медитируете и чем больше энтузиазма проявляете, служа другим, тем счастливее вы будете.

Внутренние условия для счастья

Учитесь находить все условия для счастья в самом себе. Это достигается путем медитации и настраивания своего сознания на вечно существующую, всегда сознательную и всегда новую Радость, которая есть Бог. Ваше счастье никогда не должно подвергаться влиянию извне. Какой бы ни была среда, в которой вы находитесь, не позволяйте ей нарушить ваш внутренний покой.

❖ ❖ ❖

Когда вы обретаете контроль над своими чувствами, вы живете в своем естественном состоянии. Естественное состояние вашего истинного «Я», вашей души, — это блаженство, мудрость, любовь и покой. В нем вы настолько счастливы, что получаете радость от всего, чем бы ни занимались. Разве это не намного лучше, чем блуждать по миру не знающим покоя демоном и ни в чем не находить удовлетворения? Когда вы укреплены в своем истинном «Я», вы делаете любую работу с Божьей радостью и наслаждаетесь всем хорошим. Когда вы исполнены Его опьяняющего блаженства, все дела вам в радость.

❖ ❖ ❖

В духовной жизни человек уподобляется ребенку: он не

знает привязанностей и чувства обиды, он полон жизни и радости.

❖ ❖ ❖

Настоящее счастье выдерживает все испытания в этом мире. Вы познаете это счастье, когда будете способны в ответ на оскорбления дарить любовь и прощение, когда, несмотря на все болезненные удары внешних обстоятельств, вы сможете удерживать в себе божественный внутренний покой.

❖ ❖ ❖

Каждую ночь перед сном — а также утром, перед тем как начать свой день — пребывайте в тишине и покое медитации хотя бы полчаса, а желательно — гораздо дольше. В итоге у вас появится нерушимая привычка быть внутренне счастливым, которая поможет вам справиться со всеми испытаниями повседневной жизни. И с этой неизменной радостью внутри приступайте к исполнению всех своих дел и обязанностей.

❖ ❖ ❖

Пока глаза вашего сконцентрированного ума закрыты, вы не можете видеть солнце счастья, сияющее внутри вас; но, даже если глаза вашего внимания плотно закрыты, лучи счастья все равно пытаются проникнуть сквозь закрытые двери вашего сознания, и это факт. Приоткройте окна тишины и покоя, и вас неожиданно ослепит яркое солнце радости, исходящей из вашего истинного «Я».

❖ ❖ ❖

Если направить внимание внутрь себя, можно узреть радостные лучи души. Вы обретете подобное восприятие, когда приучите свой ум наслаждаться прекрасным ландшафтом мыслей в невидимом, неосязаемом царстве внутри себя. Не ищите счастья лишь в красивой одежде, чистом доме, вкусных обедах, мягких подушках и роскоши. Они заточат ваше счастье за решетку внешнего, поверхностного восприятия.

❖ ❖ ❖

Я ценю подарки Бога. Но когда я их теряю, я отношусь к потере спокойно. Однажды мне подарили дорогую одежду — элегантное пальто и шляпу. И тут начались мои волнения и тревоги: как бы их не испачкать да не порвать. Мне это приносило неудобства, и я как-то сказал: «Господи, не было у меня заботы! Зачем же Ты меня этим одарил?»

Как-то раз я должен был читать лекцию в Тринити-холл, что здесь, в Лос-Анджелесе. Когда я туда приехал и стал снимать пальто, Бог мне сказал: «Вытащи все из карманов». Я так и сделал. А когда после лекции я пришел к гардеробной, моего пальто там не оказалось. Я рассердился, и кто-то сказал: «Не переживайте, мы вам купим другое пальто». Я ответил: «Я сержусь не потому, что остался без пальто, а потому что тот, кто его взял, забыл прихватить шляпу, которая так хорошо с ним сочетается!»

Не позволяйте своим эмоциям управлять вами. Как вы можете быть счастливыми, если вы все время суетитесь и волнуетесь по поводу одежды и собственности? Надели чистую одежду — и не думайте об этом, убрали дом — и забудьте, что вы его убирали.

❖ ❖ ❖

Чем больше ваше счастье зависит от условий извне, тем меньше будет у вас счастья.

❖ ❖ ❖

Если вы думаете, что можете жить счастливо, не помня о Боге, то вы ошибаетесь, потому что вы будете рыдать в одиночестве снова и снова до тех пор, пока не осознаете, что Бог есть всё во всём, что Он — единственная реальность на свете. Вы сотворены по Его образу и подобию. Вы никогда не найдете настоящего счастья ни в чем другом, потому что нет на свете ничего цельного, кроме Бога.

❖ ❖ ❖

Слова не могут описать ту совершенную радость, которую я нахожу в общении с Господом. День и ночь я пребываю в состоянии радости. Эта радость есть Бог. Познать Его — значит похоронить все свои печали. Бог не требует от нас, чтобы мы были угрюмыми и мрачными стоиками. Это неверное понимание Бога, и таким путем мы Его не порадуем. Если вы не умеете радоваться, вы не сможете найти Бога. Чем радостнее вы будете, тем глубже вы будете сонастроены с Ним. Те, кто познал Бога, всегда радостны, потому что Бог есть сама Радость.

———◆———

АФФИРМАЦИИ

С раннего утра я буду излучать доброжелательность и дарить радость всем, кого сегодня встречу. Я буду солнечным светом, согревающим мысли каждого, кто встретится на моем пути.

❖ ❖ ❖

Я закладываю в своем мышлении новую привычку: видеть вокруг только хорошее и воспринимать все и вся как совершенное воплощение Божьей мысли.

❖ ❖ ❖

В этот самый момент я принимаю решение всегда чувствовать себя внутренне счастливым.

Глава 11

Как научиться ладить с окружающими

После божественного счастья самое большое счастье — жить в ладу со своими близкими, с теми, с кем вы видитесь каждый день. Когда люди пытаются управлять чрезвычайно сложным механизмом человеческих чувств, не будучи обученными этому, они зачастую сталкиваются с губительными последствиями. Очень немногие люди осознают, что наше счастье в большой степени зависит от умения понимать законы человеческого поведения. Вот почему многие люди ссорятся со своими друзьями и, что еще хуже, постоянно «воюют» со своими родными и близкими.

Негармоничные отношения

Главный закон правильного человеческого поведения: исправь *свое* поведение. Как только у нас возникает конфликт с нашими друзьями или родными, мы должны внутренне брать на себя всю вину за создание этой неприятной ситуации, а затем стараться выйти из нее самым изящным образом и как можно скорее. Бесполезно наращивать конфликт и начинать кричать, грубить и обвинять других, даже если они не правы. Мы можем своим личным примером научить наших вспыльчивых родных осознавать свои ошибки. Наш личный пример подействует на них в сто раз быстрее, чем самые жесткие слова или нравоучения.

❖ ❖ ❖

В конфликт всегда вовлекаются как минимум две стороны. Но конфликта не будет, если вы просто откажетесь принимать в нем участие.

❖ ❖ ❖

Если вам кто-то грубит, сохраняйте спокойствие или скажите: «Простите, я не хотел вас обидеть» — и больше ничего не говорите.

❖ ❖ ❖

Духовный человек побеждает гнев спокойствием, останавливает конфликт молчанием, устраняет дисгармонию мягким словом и приструнивает невежливость заботой о других.

❖ ❖ ❖

Нет более освобождающего действия, чем проявление доброты в ответ на злобу.

❖ ❖ ❖

Не будьте злыми. Ни на кого не обижайтесь. Между грешниками с добрым сердцем и так называемыми доброжелателями, которым не знакомо чувство сострадания, я выбираю первых. Быть духовным — значит широко мыслить, понимать, прощать и быть каждому другом.

❖ ❖ ❖

Римские власти при всем своем желании так и не смогли лишить Христа доброты. Даже за тех, кто распинал его на кресте, он молился: «Отче! прости им, ибо не знают, что делают» [1].

---

[1] Лк. 23:34.

❖ ❖ ❖

Внутренняя воспитанность, искренняя вежливость и неизменная доброжелательность — панацеи от плохого поведения всякого рода.

❖ ❖ ❖

В большинстве случаев люди говорят и действуют, исходя из своей точки зрения. Они редко учитывают и даже не пытаются принять во внимание мнение другого человека. Когда из-за отсутствия понимания вы начинаете с кем-то ссориться, помните: в этом повинен каждый из вас в равной мере, вне зависимости от того, кто начал ссору. «Глупые ссорятся, мудрые обсуждают».

❖ ❖ ❖

Быть спокойным — не значит все время улыбаться и соглашаться со всеми людьми, что бы они ни говорили, думая при этом: «Я знаю, где кроется правда, но зачем раздражать этим людей?». Это уже крайность. Если человек таким образом пытается всех ублажить, внутренне ожидая похвалы за свою добродетель, это вовсе не означает, что он умеет управлять своими чувствами. Тот, кто умеет управлять своими чувствами, всегда следует истине и делится этой истиной при любой благоприятной возможности, а также старается не поучать без надобности того, кто к ней не восприимчив. Он знает, когда нужно говорить, а когда — молчать, но никогда не идет на компромисс со своими собственными идеалами и внутренним покоем. Такой человек — движущая сила добра в этом мире.

❖ ❖ ❖

Мы сделаем себя привлекательными, если облачимся в тонкие шелка истинной вежливости. Мы в первую очередь должны быть вежливы с нашими ближайшими родственниками. Как только человек научится этому, он сможет ладить и со всеми остальными людьми. Настоящее семейное счастье зиждется на алтаре взаимопонимания и добрых слов. И нет необходимости соглашаться с людьми во всем, для того чтобы показать свою доброту. Спокойствие и молчание, искренность и вежливые слова — вот что отличает человека, умеющего вести себя правильно, будь он согласен с другими или нет.

❖ ❖ ❖

Если вы хотите, чтобы вас любили, начните любить тех, кто нуждается в вашей любви. Если вы хотите, чтобы другие сочувствовали вам, начните проявлять сочувствие к окружающим. Если вы хотите, чтобы вас уважали, вы должны научиться уважать всех — и молодых, и старых. Если вы хотите, чтобы другие вели себя определенным образом, вы сами должны стать образцом такого поведения, и тогда другие будут отвечать вам тем же.

Как развить в себе гармоничную личность

Будьте приветливы с другими людьми. Никогда не показывайте своего недовольства. Вы не должны громогласно хохотать и не должны ходить с кислым лицом. Просто улыбайтесь и будьте дружелюбны. Однако улыбаться внешне, будучи внутренне сердитым или обиженным на что-то, — это двуличие. Если вы хотите нравиться другим, будьте искренны. Искренность — это качество души, данное Богом каждому человеку, но не все умеют его проявлять. И самое главное — будьте кротки. Даже если вы обладаете внутренней силой, достойной восхищения, не ошеломляйте других своей сильной натурой. Будьте спокойны и внимательны к другим. Так вы сможете развить в себе личный магнетизм.

❖ ❖ ❖

Если вы хотите ладить с другими, не манерничайте. Просто любите их, будьте всегда готовы помочь, а также общайтесь с Богом. И тогда вы обнаружите, что ладите со всеми окружающими.

❖ ❖ ❖

Крайне важно распознавать и ценить отличительные качества людей. Если вы будете изучать людей непредвзято, вы станете лучше понимать их и сможете легко налаживать с ними контакт. Вы научитесь мгновенно определять, какого типа человек перед вами, и будете знать, как с ним обращаться. Не говорите с философом о скачках, а с ученым — о домашних делах. Узнайте, что их интересует, и тогда говорите с ними об этих предметах, а не о том, что интересует вас.

❖ ❖ ❖

Когда вы общаетесь с людьми, не говорите много о себе. Старайтесь говорить о предмете, который интересует вашего собеседника. И слушайте. Так вы сможете стать привлекательным человеком. И вы увидите, насколько востребованным станет ваше присутствие.

❖ ❖ ❖

Комплекс неполноценности рождается из подспудного ощущения собственной слабости, реальной или же воображаемой. Стараясь компенсировать эту слабость, человек либо облачается в доспехи ложной гордости, либо выставляет напоказ раздутое эго. Те, кто не понимает истинной причины такого поведения, могут сказать, что человек страдает манией величия. Оба проявления внутренней дисгармонии препятствуют духовному развитию человека, его осознанию своего высшего «Я». Оба порождаются воображением и игнорированием фактов, в то время как ни одно из них не имеет ничего общего с истинной всесильной природой души. Когда вы, благодаря своим достижениям, обретете уверенность в себе и знание того, что ваше истинное «Я» (душа) никогда и никоим образом не может быть неполноценным, вот тогда вы освободитесь от всех комплексов.

❖ ❖ ❖

Если большинство людей считают вас непривлекательным человеком, то вам нужно проанализировать себя. В вашем психологическом портрете наверняка есть черты, которые отталкивают людей. Может быть, вы слишком много говорите или любите лезть не в свои дела. Или, может быть, вы имеете привычку указывать людям на их ошибки и учите их жить, а сами при этом не принимаете советов о том, как улучшить себя. Вот такие психологические черты и делают нас непривлекательными людьми.

❖ ❖ ❖

Одно из наиболее прекрасных качеств человека — умение думать о других людях. Это самая привлекательная сторона человека. Практикуйте это умение! Когда кого-то одолевает жажда, внимательный человек замечает это и предлагает напиток. Внимательность — это понимание людей и их нужд. Внимательный человек в компании других людей интуитивно почувствует, в чем они нуждаются.

❖ ❖ ❖

Практикуйте внимательность и доброту до тех пор, пока не уподобитесь прекрасному цветку, которым не налюбуешься.

Станьте красотой, свойственной цветам, и привлекательностью, свойственной чистым помыслам. Если именно такие качества сделают вас привлекательными, у вас всегда будут настоящие друзья. Вы будете любимы и Богом, и людьми.

Как преодолеть негативные эмоции

Все, что от вас исходит, к вам же и возвращается. Возненавидьте кого-либо, и в ответ возненавидят вас. Когда вы наполняете себя негармоничными мыслями и эмоциями, вы разрушаете себя. Зачем проявлять ненависть или сердиться на кого-то? Любите своих врагов. Зачем сжигать себя в пламени гнева? Когда вас что-то начинает раздражать, сразу же принимайте меры, чтобы преодолеть это чувство. Пойдите прогуляйтесь, посчитайте до 10 или 15 или подумайте о чем-то приятном. Избавьтесь от желания отомстить. Когда вы сердитесь, ваш мозг перегревается, в сердце заклинивают клапаны и ваш организм теряет жизненную силу. Излучайте покой и благо, потому что это ваша истинная природа — природа образа Божьего внутри вас. И тогда никто не сможет нарушить ваш покой.

❖ ❖ ❖

Когда вы испытываете чувство ревности, вы находитесь под влиянием космической иллюзии Сатаны [1]. Когда вы сердитесь, вы ведомы Сатаной. Каждый раз, когда в вас начинает звучать голос ревности, гнева или страха, вспоминайте, что этот голос исходит не от вас, и велите ему уйти. И знайте: как бы вы ни старались, вы никогда не сможете изгнать из себя зло, пока негативное чувство живет в вашем сознании. Искореняйте ревность, страх и гнев *внутри себя*,

[1] См. *майя* в глоссарии.

чтобы всякий раз, когда эти дьявольские импульсы велят вам ненавидеть или ранить кого-то, ваш внутренний голос — который сильнее — повелевал бы вам любить и прощать. Прислушивайтесь к *этому* голосу.

◆ ◆ ◆

Ревность рождается от комплекса неполноценности и проявляется как подозрение и страх. Это означает, что человек боится, что он не сможет сохранить отношения с другими. Это касается и отношений между супругами, и отношений между родителями и детьми, и отношений между друзьями и знакомыми. Если вы чувствуете, что что-то побуждает вас к ревности, например, если вы боитесь, что человек, которого вы любите, заинтересован в ком-то другом, постарайтесь понять, чего ему стало не хватать в вас. Улучшайте себя, развивайте себя. Единственный способ удержать любовь или уважение другого человека — применить закон любви и заслужить признание своим самосовершенствованием. Постоянное улучшение себя порождает в человеке внутреннюю удовлетворенность, и вам уже не нужно будет искать других — другие будут искать вас.

◆ ◆ ◆

Пока вы пытаетесь улучшить себя, учитесь также быть самодостаточным, уверенным в своей добродетели и значимости. Если вы хотите, чтобы другие в вас верили, помните, что эффект производят не только слова, но и чувства, которые вы испытываете в душе. Как бы ни вели себя другие, внутренне всегда старайтесь быть ангелом. Будьте искренним, добрым, любящим и понимающим.

◆ ◆ ◆

Когда вы сталкиваетесь с разгневанным человеком, сохраняйте спокойствие. Мысленно говорите: «Я не выйду из себя. Я буду спокоен».

❖ ❖ ❖

Если кто-то из близких настойчиво испытывает ваше терпение, найдите место, где можно закрыться и сделать несколько физических упражнений, а затем успокоить себя следующим образом:

Сядьте на стул, держа спину прямой, и медленно вдохните и выдохните двенадцать раз. Затем глубоко сосредоточьтесь и мысленно произнесите десять раз или более: «Отец Небесный, Ты есть гармония. Помоги мне стать отражением Твоей гармонии и вдохни гармонию в близкого мне человека, совершившего ошибку».

Продолжайте утверждать эти мысли, пока не ощутите покой и нисходящую на вас спокойную уверенность в том, что Бог вас услышал и ответил вам.

❖ ❖ ❖

— Не является ли опасным ваше учение о контроле над эмоциями? — спросил один обучающийся Парамахансу Йогананду. — Многие психологи считают, что подавление эмоций ведет к психическим расстройствам и даже к физическим болезням.

Мастер ответил:

— Подавление эмоций опасно; например, нельзя желать чего-то и при этом не делать ничего конструктивного, чтобы этого добиться. Самоконтроль полезен; например, неправильные мысли необходимо заменять правильными, а предосудительные действия — благими.

Те, кто много думает о зле, ранят самих себя. Те же, кто

наполняет свои умы мудростью, а свою жизнь — конструктивными действиями, ограждают себя от мучительных страданий.

❖ ❖ ❖

«Гнев рождается лишь от неудовлетворенных желаний, — говорил Шри Юктешвар. — Я ничего не жду от окружающих, поэтому их действия не могут противоречить моим желаниям».

❖ ❖ ❖

Если кто-то глубоко ранит вас, вы это помните. Но вместо того, чтобы сосредотачиваться на этом, вы должны думать обо всем хорошем, что есть в человеке, который вас ранил, и обо всем хорошем, что есть в вашей жизни. Стирайте в памяти оскорбления и обиды, которые наносят вам люди.

❖ ❖ ❖

В своем враге старайтесь увидеть Бога. Так вы освободите себя от порочного желания отомстить, которое разрушает ваш душевный покой. Отплачивая ненавистью за ненависть, вы не только умножаете враждебность своего врага по отношению к вам, но и отравляете свой организм физически и эмоционально своим же собственным ядом.

❖ ❖ ❖

Храните в своем сердце только любовь. Чем больше хорошего вы видите в людях, тем больше хорошего вы вбираете в себя. Во всем зрите только хорошее. Людей можно сделать хорошими, если видеть в них только хорошее. Не придирайтесь к ним. Сохраняйте спокойствие и всегда держите себя в руках. И вы обнаружите, как легко у вас получается ладить с людьми.

❖ ❖ ❖

Очистите свой ум от враждебного критицизма. Чтобы исправить человека восприимчивого, дайте ему понять о вашем несогласии лишь взглядом или каким-либо жестом, но не принуждением. И не держите в себе осуждающие мысли, даже если будете хранить молчание.

❖ ❖ ❖

Мысли иногда действуют сильнее, чем слова. Человеческий разум — это самый мощный «радиоприемник». Если вы постоянно с любовью «вещаете» позитивные мысли, эти мысли окажут воздействие на других. (Аналогично этому, если вы будете «вещать» ревность или ненависть, другие «примут» эти мысли и ответят вам тем же.) Попросите Бога укрепить ваши усилия Его силой. Если, например, муж «оторвался от семьи», жена должна молиться Богу: «Господи, дай мне силы помочь моему мужу. Очисти мое сердце от ревности и обиды. Молю лишь об одном: чтобы он осознал свою ошибку и изменился. О Небесный Отец, не оставляй его и благослови меня, чтобы я сделала все, что от меня зависит». Если вы глубоко общаетесь с Богом, вы увидите, как человек, за которого вы молитесь, станет меняться к лучшему.

❖ ❖ ❖

Дать сдачи легко, но ответить на удар любовью, обезоруживающей обидчика, — это высший путь. Даже если это не сработает сразу, он никогда не забудет, что в ответ на пощечину получил от вас любовь. Эта любовь должна быть искренней: когда она исходит из сердца, она творит чудеса. Вы не должны ждать результатов. Дарите любовь и забывайте об этом. Ничего не ждите в ответ, и вы станете свидетелем чуда.

Прощение

В некоторых священных писаниях Бог предстает как мстительное Божество, всегда готовое наказать нас. Но Иисус показал нам истинную природу Бога. Он не уничтожил своих врагов «двенадцатью легионами ангелов»[1], но преодолел зло силой божественной любви. Его действия продемонстрировали высшую любовь Бога и показали, как ведут себя те, кто стал единым с Ним.

❖ ❖ ❖

В *Махабхарате*[2] говорится: «Человек должен прощать, какой бы вред ему ни нанесли. Человеческий род продолжает свое существование благодаря способности людей прощать. Прощение — это святость; все мироздание держится на прощении. Прощение всемогуще, прощение — это жертвенность, прощение — это покой ума. Прощение и мягкость — извечные добродетели. Они свойственны тем, кто обрел власть над собой».

❖ ❖ ❖

«Тогда Петр приступил к Нему и сказал: Господи! сколько раз прощать брату моему, согрешающему против меня? до семи ли раз? Иисус говорит ему: не говорю тебе: „до семи“, но до семижды семидесяти раз»[3]. Когда-то я истово молился, чтобы понять это бескомпромиссное наставление. «Господи, — вопрошал я, — возможно ли это?» Когда же Божественный Голос наконец отозвался, его ответ

---

[1] «Или думаешь, что Я не могу теперь умолить Отца Моего, и Он представит Мне более, нежели двенадцать легионов Ангелов?» (Мф. 26:53).
[2] Крупнейшее эпическое повествование Древней Индии, частью которого является священное писание *Бхагавад-Гита*.
[3] Мф. 18:21-22.

пришел ко мне, подобно потоку света: «Сколько раз, о человече, прощаю Я тебя каждый день?»

❖ ❖ ❖

Из вашего сердца должно исходить такое сострадание, которое сможет успокоить боль в других сердцах, — сострадание, которое побудило Иисуса сказать: «Отче! прости им, ибо не знают, что делают» [1]. Его великая любовь объяла все. Он мог бы уничтожить своих врагов одним взглядом, но, подобно тому как Бог постоянно прощает нас, зная при этом все наши злые мысли, великие души, сонастроенные с Ним, дарят нам ту же любовь.

❖ ❖ ❖

Если вы хотите развить в себе Христово Сознание [2], учитесь состраданию. Когда вы испытываете искреннее сострадание к другим, вы начинаете проявлять это великое сознание. Господь Кришна сказал: «Тот является высшим йогом, кто равно относится ко всем людям» [3].

❖ ❖ ❖

Гнев и ненависть ни к чему не приводят. Любовь вознаграждает. Вы можете поставить человека на колени, но когда он поднимется, он попытается вас уничтожить. Разве вы его покорили? Нет. Покорить человека можно только любовью. А если вы не смогли покорить его любовью, молча уйдите и помолитесь за него. Именно так вы и должны любить. Если вы будете практиковать это в своей жизни, вы обретете покой, который превыше всякого ума.

---

[1] Лк. 23:24.
[2] Вселенское сознание; единство с вездесущностью Бога. См. глоссарий.
[3] Бхагавад-Гита VI:9.

АФФИРМАЦИИ

Я буду стараться радовать всех своей внимательностью и добрыми поступками, а также стремиться разрешать всякое непонимание, намеренно или непреднамеренно вызванное мною.

❖ ❖ ❖

Сегодня я прощаю всех, кто когда-либо обидел меня. Я дарю свою любовь всем жаждущим сердцам: тем, кто любит меня, и тем, кто меня не любит.

Глава 12

Безусловная любовь: как усовершенствовать человеческие взаимоотношения

Мир забыл истинное значение слова «любовь». Любовь настолько извращена и поругана человеком, что лишь немногие понимают, что такое настоящая любовь. Как масло пропитывает каждую клеточку маслины, так и любовь пронизывает каждую частичку Вселенной. Но дать определение любви очень сложно — по той же самой причине, по какой слова никогда не смогут полностью описать вкус апельсина. Необходимо попробовать плод, чтобы узнать его вкус. Так и с любовью.

✦ ✦ ✦

В универсальном смысле любовь есть божественная сила притяжения в мироздании, которая создает гармонию, объединяет и связует. Те, кто сонастроен с притягательной силой любви, живут в гармонии с природой и людьми и испытывают тягу к блаженному воссоединению с Богом.

✦ ✦ ✦

«Обычная любовь эгоистична, — говорил Шри Юктешвар. — Она коренится в темных страстях и удовольствиях. Божественная любовь ничем не обусловлена, она безгранична и неизменна. С прикосновением этой чистой любви изменчивое сердце человека наконец обретает равновесие».

❖ ❖ ❖

Многие люди сегодня говорят вам: «Я тебя люблю», а завтра отвергают вас. Это не любовь. Тот, чье сердце наполнено любовью к Богу, никого не может ранить намеренно. Когда вы любите Бога безоговорочно, Он наполняет ваше сердце Своей безусловной любовью. Такую любовь невозможно описать словами. Обыкновенный человек не способен так любить других. Полностью погруженный в сознание «я-мне-мое», он еще не открыл для себя вездесущего Бога, живущего в нем и во всех других людях. Я не вижу разницы между людьми. Я вижу всех как души — размноженное отражение Единого Бога. Я не могу думать о ком-то как о чужом, ибо знаю, что все мы есть часть Единого Духа. Когда вы постигнете истинное значение религии, — а оно заключается в познании Бога — вы осознаете, что Он есть ваше «Я» и что Он, будучи беспристрастным, присутствует в каждом человеке. И тогда вы сможете полюбить других, как самого себя[1].

❖ ❖ ❖

В сознании того, кто погружен в Божественную любовь, отсутствуют иллюзии, расовые и религиозные предрассудки и все другие барьеры, ограничивающие человека. Когда вы познаете Божественную любовь, вы не будете видеть разницы между цветком и чудовищем, между одним человеком и другим. Вы сольетесь с природой и будете дарить свою любовь всем.

❖ ❖ ❖

Для того чтобы познать Бога, необходимо иметь

---

[1] «Возлюби Господа Бога твоего всем сердцем твоим, и всею душою твоею, и всею крепостию твоею, и всем разумением твоим, и ближнего твоего, как самого себя» (Лк. 10:27).

чувство сострадания ко всему живому, ибо Сам Бог переполнен этим чувством. Те, у кого мягкое сердце, могут поставить себя на место другого человека; они чувствуют его страдания и стараются облегчить их [1].

Равновесие между мужскими и женскими качествами

Такое ощущение, что мужчина и женщина соперничают друг с другом испокон веков. Но они равны, один не выше другого. Гордитесь тем, кто вы есть в этой жизни.

❖ ❖ ❖

«Во сне не знаешь, мужчина ты или женщина, — говорил Шри Юктешвар. — И совсем как мужчина, облачающийся в женский образ, не становится женщиной, так и душа, облачающаяся то в мужские, то в женские тела, в сущности остается все той же. Душа — это полноценный, неизменный образ Бога».

❖ ❖ ❖

Ни в коем случае не ограничивайте себя, сознавая себя мужчиной или женщиной, ибо вы сотворены по Божьему образу и подобию. Мудрый человек всегда помнит: «Я не мужчина и не женщина, я — Дух». Мысля таким образом, вы избавитесь от ограничивающего вас сознания принадлежности к полу; вы познаете свой наивысший божественный потенциал, вне зависимости от того, мужчиной вы родились или женщиной.

❖ ❖ ❖

---

[1] Господь Кришна учил: «Лучший из йогов — тот, кто воспринимает других и в радости, и в печали так же, как самого себя» (Бхагавад-Гита VI:32).

Бог есть и безграничная мудрость, и безграничная любовь. Когда Он проявил Себя в мироздании, Он придал Своей мудрости облик отца, а Своей любви — облик матери. Всем отцам и матерям в потенциале даны отцовская мудрость Бога и материнская нежность Бога. Они должны усовершенствовать в себе этот дар. Божественный человек развивает в себе и отцовские, и материнские качества.

❖ ❖ ❖

Мужчина сетует, что женщина эмоциональна и не умеет логически мыслить, а женщина жалуется на то, что у мужчины нет чувств. Оба неправы. Женщина имеет логическое мышление, но в ее природе преобладают чувства и эмоции; мужчина имеет чувства и эмоции, но в его природе преобладает логическое мышление.

❖ ❖ ❖

Бог сотворил эти физиологические и психологические особенности для того, чтобы мужчина и женщина отличались друг от друга. Идеальный духовный союз между ними был предназначен для того, чтобы развить скрытые чувства в мужчине и скрытое логическое мышление в женщине. Они были созданы друг для друга с целью развить божественные качества совершенного разума и чувства.

❖ ❖ ❖

И мужчина, и женщина должны стремиться к равновесию, и для этого они должны учиться друг у друга посредством дружбы и понимания.

❖ ❖ ❖

До тех пор, пока мужчина и женщина не поймут природу друг друга, им суждено мучить друг друга. Каждый из них должен стараться сбалансировать в себе разум и чувство, и таким образом стать цельной личностью, совершенным человеком. Посредством общения с Богом вы приводите эти два своих качества в равновесие.

❖ ❖ ❖

В великих святых мы видим идеальное сочетание мужских и женских качеств. Таким был Иисус, и такими были все духовные мастера. Достигнуть совершенного равновесия между разумом и чувством — значит выучить один из главных уроков, ради которых вы и были посланы сюда.

❖ ❖ ❖

Человечество должно осознать, что природа души божественна. Если мужчина и женщина смотрят друг на друга как на средство для удовлетворения похоти, они неизбежно разрушают счастье. Медленно, шаг за шагом, уйдет и покой.

❖ ❖ ❖

Мужчина должен стараться увидеть в женщине Бога и помочь ей осознать ее духовную природу. Он должен дать ей почувствовать, что она с ним не для того, чтобы просто удовлетворять его сладострастие, но что она — его спутник жизни, которого он уважает и почитает как проявление Божественного. Женщина должна смотреть на мужчину точно так же.

❖ ❖ ❖

Когда мужчина и женщина чисто и искренне любят друг друга, они испытывают полную гармонию на уровне тела, ума и души. Когда их любовь проявляется в своей высшей форме, она выливается в идеальный союз.

Супружество

Два человека, соединяющие свои жизни, чтобы помочь друг другу достичь Самореализации в Боге, строят свое супружество на праведной основе — безусловной дружбе.

❖ ❖ ❖

Мы должны научиться развивать чистую, безусловную любовь между мужем и женой, между родителем и ребенком, между друзьями, между собою и людьми — ведь это то, ради чего мы пришли на эту землю.

❖ ❖ ❖

Истинное супружество — это химическая лаборатория, где яды эгоизма, эмоциональных срывов и плохого поведения должны быть помещены в пробирку терпения и нейтрализованы и преображены каталитической силой любви и непрестанным усилием вести себя благородно.

❖ ❖ ❖

Если в вашем супруге есть какие-то качества или привычки, вызывающие в вас проявление недобрых черт, вы должны осознать, что это обстоятельство поможет вам нейтрализовать ваши внутренние яды и очистить себя.

❖ ❖ ❖

Духовное развитие должно быть самым главным пожеланием супругов друг для друга; раскрытие души приносит божественные качества понимания, терпения, заботы и любви. Но необходимо помнить, что желание духовно развиваться нельзя привить насильно. Если вы сами будете жить по принципу любви, ваши хорошие качества воодушевят ваших близких.

❖ ❖ ❖

Супружеские пары не смогут жить по-настоящему счастливой совместной жизнью, пока не поймут истинную цель супружества. Активная половая жизнь, излишняя фамильярность, отсутствие вежливости, подозрительность, оскорбительные слова или действия, скандалы в присутствии детей или гостей, а также брюзжание и выплескивание недовольства и гнева на свою половину непозволительны для идеального супружества.

❖ ❖ ❖

Первое и самое главное требование для счастливого супружества — духовное единство: схожесть духовных идеалов и целей и готовность воплотить их в своей жизни путем самообразования, усилий и самодисциплины. Супружеские пары, связанные духовно, сумеют построить счастливую совместную жизнь даже при отсутствии иной предпочтительной для этого основы.

Второе требование для счастливого брака — это схожесть интересов: интеллектуальных, общественных, социальных и так далее.

И *третье,* последнее по важности (хотя непросветленные люди ставят это на первое место) — физическая привлекательность. Но поскольку действие привлекательности временно, такой союз быстро распадается, если не выполняются первое и второе требования.

❖ ❖ ❖

Люди, желающие вступить в брак, сначала должны обрести контроль над своими эмоциями[1]. Без такого обучения два человека, оставленные на арене супружества, дерутся

---

[1] См. стр. 130.

более ожесточенно, чем противники в мировой войне. Войны когда-нибудь да заканчиваются, а вот сражения некоторых супругов длятся всю жизнь. Может показаться, что в цивилизованном обществе люди умеют ладить друг с другом, но в действительности лишь немногие владеют этим искусством. Брак нужно взращивать на высоких идеалах и подпитывать вином Божественного вдохновения. Тогда это будет счастливый и обоюдно благоприятный союз.

❖ ❖ ❖

Если бы мужья и жены, привыкшие обмениваться пулями гнева и невежливости, постарались вместо этого поддерживать друг друга добрыми словами, утешающими душу, то они смогли бы возродить счастье в своей семье.

❖ ❖ ❖

Секс играет определенную роль в супружеских отношениях мужчины и женщины. Но если он становится доминирующим фактором в этих отношениях, любовь уходит навсегда. А на ее место приходят одержимость и фамильярность, насилие и утрата взаимопонимания и дружбы. Хотя сексуальное влечение и является одним из условий возникновения любви, сам по себе секс не есть любовь. Секс и любовь столь же далеки друг от друга, как Солнце и Луна. Секс может быть способом выражения любви только тогда, когда в отношениях превалирует преображающая сила истинной любви. Живущие сексом люди сбиваются с пути и не могут найти удовлетворения в супружеских отношениях. Только благодаря самоконтролю — когда сексу не отводится первостепенное значение в супружестве — муж и жена могут познать настоящую любовь. В современном мире, к сожалению, любовь слишком часто разрушается сексуальными излишествами.

❖ ❖ ❖

Люди, практикующие естественную — не вынужденную — сдержанность в сексуальной жизни, открывают для себя другие прочные качества супружеских отношений: дружбу, взаимопонимание и любовь. Например, мадам Амелита Галли-Курчи[1] и ее муж Гомер Самуэльс — величайшие возлюбленные из всех, кого я встречал на Западе. Их любовь прекрасна, потому что они живут идеалами, о которых я говорю. Когда им приходится расставаться даже на короткое время, они страстно ожидают встречи, чтобы снова быть вместе и делиться своими мыслями и любовью.

❖ ❖ ❖

Каждому человеку необходимо уединяться на какое-то время, для того чтобы он мог справиться с возрастающим напряжением жизни. Не посягайте на свободу друг друга.

❖ ❖ ❖

Если муж служит жене, а жена служит мужу — оба с желанием подарить друг другу счастье — это значит, что в их сознании стало проявляться Христово Сознание — любящий Космический Разум Бога, пропитывающий каждый атом мироздания.

❖ ❖ ❖

Когда два человека чувствуют неодолимое притяжение друг к другу и готовы пожертвовать всем друг ради друга,

---

[1] Всемирно известная оперная певица (1889–1963); познакомилась с Парамахансой Йоганандой в первые годы его пребывания в Америке. Она и ее муж стали верными последователями учений Self-Realization Fellowship. Мадам Галли-Курчи написала предисловие к книге Парамахансы Йогананды *Whispers from Eternity*.

это значит, что они по-настоящему влюблены.

❖ ❖ ❖

Стремиться к совершенству ради любимого человека и при мысли о нем ощущать чистую радость — это божественная любовь, это любовь истинной дружбы.

❖ ❖ ❖

Медитируйте вместе каждое утро и, что еще важнее, по ночам. Установите маленький семейный алтарь, где все — и муж, и жена, и дети — могли бы собираться для поклонения Богу, чтобы соединить свои сердца навеки во всегда новой радости Космического Сознания[1]. Чем больше вы будете медитировать вместе, тем глубже станет ваша любовь друг к другу.

Дружба

Дружба — это призыв Божественного горна к разрушению границ эго, отделяющих нас от других людей и от Бога.

❖ ❖ ❖

Дружба — это чистейшее проявление Божьей любви, ибо она рождается в свободном выборе сердца и не навязывается семейным инстинктом. Идеальные друзья никогда не расстаются; ничто не может навредить их братским взаимоотношениям.

❖ ❖ ❖

Самое ценное ваше сокровище — это дружба, потому что она будет с вами и после смерти. В доме своего Отца вы встретите всех своих истинных друзей, ибо настоящая любовь никогда не умирает.

[1] См. глоссарий.

❖ ❖ ❖

Если между двумя или несколькими сердцами образуется идеальная духовная дружба, она совершенствует каждого из них.

❖ ❖ ❖

В вашем сердце есть магнит, который притягивает настоящих друзей. Этот магнит — бескорыстие и внимательность по отношению к другим. Лишь немногие люди свободны от эгоцентризма. И тем не менее человек может легко развить бескорыстие, если будет стараться думать в первую очередь о других.

❖ ❖ ❖

Вы не сможете привлечь к себе настоящих друзей, если не очистите себя от эгоизма и других непривлекательных качеств. Величайшее искусство дружбы заключается в том, чтобы самому вести себя богоподобно: быть духовным, чистым, бескорыстным. Чем больше человеческих недостатков исчезнет из вашей жизни, уступив место божественным качествам, тем больше друзей у вас будет.

❖ ❖ ❖

Истинная дружба состоит в том, чтобы быть взаимно полезными: подбадривать друг друга в трудные времена, сочувствовать в горе, давать советы в сложных ситуациях и оказывать материальную помощь, когда это действительно необходимо. Тот, кто дарит свою дружбу другому, отказывается от эгоистичных наслаждений и личных интересов ради счастья друга и при этом не подсчитывает, во сколько ему это обходится, а также не чувствует, что чем-то пожертвовал или что-то потерял.

❖ ❖ ❖

Даже если вы разошлись с таким другом во мнениях, между вами по-прежнему сохраняются понимание и готовность обсудить разногласия. В таких отношениях вы проявляете взаимное уважение и ставите свою дружбу на первое место — и неважно, как сильно разнятся ваши мнения. Только та дружба, которая укреплена в Боге, может быть истинной и вечной.

❖ ❖ ❖

Если вы предлагаете кому-то дружбу, вы должны это делать искренне. Вы не можете любезничать и проявлять дружелюбие, в то время как внутри вы испытываете совсем иные чувства. Духовный закон — могучий закон. Не идите против духовных принципов. Никогда не предавайте и не стройте козни. Как друг вы должны проявлять деликатность, понимать свою роль во взаимоотношениях и знать, когда вы готовы проявлять сотрудничество, а когда — нет.

❖ ❖ ❖

Нельзя констатировать правду без необходимости, если этим вы выдадите человека. Допустим, кто-то выпивает и старается скрыть это от других. Вы знаете об этой слабости и правды ради объявляете своим друзьям: «А вы знаете, вот он выпивает!» Такое замечание абсолютно неуместно — человек не должен влезать в чужие дела. Не говорите о недостатках других, если они никому не приносят вреда. Если у вас есть возможность или обязанность помочь какому-то человеку, поговорите с ним наедине, мягко укажите ему на его недостатки. Но никогда под предлогом помочь не преследуйте цели ранить его. Так вы только «поможете» ему стать вашим врагом. Из-за этого вы также можете подавить в нем желание стать лучше.

❖ ❖ ❖

Помогайте своему другу, став для него вдохновением — в умственном, эстетическом и духовном плане. Никогда не проявляйте сарказма по отношению к другу. Не стоит его чрезмерно хвалить, разве что для поднятия духа. И не соглашайтесь с ним, когда он неправ.

❖ ❖ ❖

Ежели вы честны и искренни, ваша дружба будет становиться все крепче. Я помню нашу со Шри Юктешваром беседу об искренности. Я тогда сказал:

— Искренность — это всё.

— Нет, — ответил он, — искренность плюс осмотрительность есть всё. — И продолжил: — Допустим, ты сидишь у себя в гостиной. На полу — новый ковер. За окном идет дождь. Вдруг открывается дверь, и твой друг, которого ты не видел много лет, бежит к тебе, чтобы сжать тебя в своих объятиях.

— Это просто здорово! — воскликнул я, но мой гуру еще не закончил свою мысль.

— Вы искренне рады видеть друг друга, — сказал он. — Но было бы лучше, если бы твой друг проявил осмотрительность и перед входом снял свои грязные ботинки, чтобы не испортить ковер.

Я был вынужден согласиться. Как бы хорошо вы ни думали о другом человеке и как бы близки вы ни были, все же очень важно, чтобы в ваших отношениях присутствовали хорошие манеры и осмотрительность. Такая дружба по-настоящему прекрасна и долговечна. А фамильярность, ведущая к невнимательности по отношению к другому, сильно ей вредит.

❖ ❖ ❖

Подобно тому как роса помогает расти цветку, так и внутренняя и внешняя мягкость способствует укреплению дружбы.

❖ ❖ ❖

Священна дружба и почтенна,
Когда души́ две мчатся по путям различным,
То в спорах, то в ладу,
Раздельно созревая.
О дружба, вечноцветущее растение!
Ты выросла в почве любви.
В плодах твоих — духовное развитье
Для тех двоих, что расчищают
Тропинку друг для друга[1].

❖ ❖ ❖

Чтобы стать настоящим, беззаветным другом, вы должны укрепить свою любовь в Божьей любви. Ваша жизнь в Боге есть вдохновение, стоящее за истинной божественной дружбой со всеми людьми.

❖ ❖ ❖

Постарайтесь усовершенствовать свою дружбу с несколькими душами. Если вы воистину сможете дарить им безусловную дружбу, то ваше сердце будет готово подарить идеальную дружбу каждому человеку. И когда вы сможете этого достичь, вы станете божественным существом, подобным Богу и всем великим святым, дарующим свою дружбу каждому человеку, каким бы он ни был. Дружба, направленная на одну или две души и исключающая всех остальных, подобна реке, которая теряется в песках, так и не достигнув

---

[1] Из книги Парамахансы Йогананды *Songs of the Soul.*

океана. Могучая, исполненная истины река божественной дружбы в своем движении вперед непрестанно расширяется и в конце концов сливается с океаном Божественного Присутствия.

АФФИРМАЦИЯ

Когда я излучаю любовь и доброжелательность, я открываю канал, по которому любовь Господа течет ко мне. Божественная любовь — это магнит, притягивающий ко мне все благое.

Глава 13

Как относиться к смерти

У обычного человека мысли о смерти сопровождаются страхом и печалью, но те, кто уже ушли, знают, что смерть приносит прекрасное переживание покоя и свободы.

❖ ❖ ❖

Порой нам очень хочется что-нибудь узнать об ушедших родных и близких. Где они сейчас? Почему они покинули нас? Короткое «прощай», и они исчезли на завесой смерти. Мы чувствуем себя беспомощными, несчастными и не можем исправить непоправимое. У умирающего, хотя он и не может говорить, желание проявляется в сознании. Он думает: «Я покидаю моих любимых. Увижу ли я их вновь?» И те, кого он покидает, тоже думают: «Я теряю его. Будет ли он меня помнить? Встретимся ли мы снова?»

Когда я потерял свою мать в этой жизни, я пообещал себе, что никогда больше не буду иметь привязанностей — ни к кому[1]. Я отдал свою любовь Богу. То переживание, связанное со смертью, было моим первым серьезным испытанием, но оно меня многому научило. Долгие годы я искал разгадку тайны жизни и смерти, и я ее нашел. То, о чем я вам говорю, я пережил сам.

---

[1] Парамахансе Йогананде было всего одиннадцать лет, когда умерла его мать. С пламенной решимостью юного сердца он громко стучал во все врата небес, пока не получил ответ от Бога и вместе с ним осознание, что это сам Бог проявляет к нам Свою любовь через жизни наших близких. Любить Бога — значит любить всех людей без исключения; привязанность же приносит неизбежные страдания. – Прим. изд.

❖ ❖ ❖

С наступлением смерти у человека пропадает ощущение физического тела и всех связанных с ним ограничений, и он осознает свою свободу. В первые секунды его охватывает страх — страх перед неизвестным, перед чем-то непривычным для его сознания. Но после этого он осознает, что его душа испытывает радостное чувство облегчения и свободы. И он понимает, что он существует вне бренного тела.

❖ ❖ ❖

Каждый из нас когда-нибудь умрет, поэтому не нужно бояться смерти. Вас ведь не печалит мысль о том, что во время обычного сна вы не осознаете свое тело. Вы воспринимаете состояние сна как состояние желанной свободы. Так и в смерти. Это состояние отдыха, уход на пенсию — из этой жизни. И здесь нечего бояться. Когда придет смерть, посмейтесь над ней. Смерть — это всего лишь опыт, через который вы должны выучить урок о том, что вы не умираете. И это замечательный урок!

❖ ❖ ❖

Душа — наше истинное «Я» — бессмертна. В период изменений, называемый смертью, мы на какое-то время погружаемся в сон, но никогда мы не будем уничтожены. Мы существуем, и это существование вечно. Волна накатывает на берег и уходит обратно в океан, но она не исчезает навеки — она сливается с океаном или возвращается в виде другой волны [1]. Это тело родилось, и оно исчезнет. Но душа, наша сущность, никогда не прекратит своего существования. Сознание бессмертно, и ничто не сможет его уничтожить.

---

[1] Здесь говорится о реинкарнации. См. глоссарий.

❖ ❖ ❖

Материю, или волну энергии, невозможно уничтожить — даже малую ее частичку. Это доказано наукой; и душа — духовная сущность человека — тоже неразрушима. Материя подвергается изменениям; душа также проходит через изменяющиеся переживания. Радикальные изменения называют смертью, но смерть, будучи изменением формы, не изменяет и не разрушает духовную сущность.

❖ ❖ ❖

Тело — это всего лишь одеяние. Сколько бы раз вы ни меняли одежду в этой жизни, вы все равно не сможете сказать, что из-за этого *вы* изменились. Аналогично этому, когда при наступлении смерти вы сбрасываете свое телесное одеяние, вы не меняетесь. Вы остаетесь все той же бессмертной душой, Божьим дитя.

❖ ❖ ❖

Люди употребляют термин «смерть» в неверном значении, потому что смерти как таковой нет. Когда вы устаете от жизни, вы просто снимаете телесное одеяние и возвращаетесь в астральный мир[1].

❖ ❖ ❖

В Бхагавад-Гите[2] мы находим такие прекрасные и утешительные слова о бессмертии души:

Дух никогда не рождался,
Он никогда не прейдет.
Предвечным, бессмертным навеки остался,

[1] Рай, тонкая сфера радости и света. См. *астральный мир* в глоссарии.
[2] II:20. Перевод интерпретации сэра Эдвина Арнольда.

Пусть внешне мертва обитель его.

❖ ❖ ❖

Смерть — это не конец, это временное освобождение. Оно дается нам тогда, когда карма, закон справедливости, выносит решение, что наше тело и окружающая среда выполнили свое предназначение, или когда мы слишком слабы и измучены страданиями, чтобы продолжать нести крест физического существования. Для тех, кто страдает, смерть подобна воскресению — восхождению в мир покоя и безмятежности после мучительных телесных страданий. Для состарившихся это пенсия, заработанная годами жизненных испытаний. Это долгожданный отдых для всех людей.

❖ ❖ ❖

Если вы постоянно думаете, что все когда-нибудь умирает и что вам тоже придется оставить это тело, то Божий план кажется вам жестоким. В таком случае вам сложно поверить в Божье милосердие. Но если вы посмотрите на процесс смерти сквозь призму мудрости, то вы увидите, что это просто мысль Бога проходит через кошмарный сон изменений, чтобы снова обрести в Нем блаженную свободу. После смерти и святому, и грешнику дается свобода — в большей или меньшей мере, согласно их заслугам. В астральном мире Господа — в той сфере, куда души идут после смерти — они обретают такую свободу, которую никогда не знали при земной жизни. Поэтому не испытывайте жалости к человеку, который проходит через иллюзию смерти, — очень скоро он будет свободен. Как только он выйдет из этого миража, он увидит, что в смерти нет ничего ужасного. Он осознает, что его смертность была лишь сном, и возрадуется, что отныне он «и в огне не сгорит, и в воде не утонет»[1], ведь он свободен и находится в безопасности.

❖ ❖ ❖

Сознание умирающего в один момент освобождается от груза тела, от всякой боли и от необходимости дышать. Душа испытывает ощущение полета сквозь туннель успокаивающего приглушенного света. Затем она погружается в сон забвения, а он в миллионы раз глубже и слаще, чем самый глубокий сон, который человек испытывал, находясь в физическом теле. Посмертное состояние переживается всеми по-разному — в зависимости от того, какой образ жизни человек вел на земле. Как сон разных людей различается по времени и глубине, так разнится и посмертно переживаемый людьми опыт. Хороший человек, напряженно работавший на фабрике жизни, погружается на короткое время в бессознательный глубокий освежающий сон. Затем он пробуждается в каком-нибудь «жилом микрорайоне» астрального мира: «В доме Отца Моего обителей много»[2].

❖ ❖ ❖

— Мастер, я никогда не верил в рай, — сказал ученик. — А такое место действительно существует?

— Да, — сказал Парамахансаджи. — Те, кто любит Бога и доверяют Ему всей душой, идут туда после своей смерти. На том астральном плане душа обладает силой мгновенно — одной лишь мыслью — материализовывать все, что ей угодно. Астральное тело сделано из сияющего света. В тех

---

[1] «Оружие не может рассечь душу, огонь не может ее сжечь, вода не может ее поглотить, ветер не может ее иссушить... Душа неизменна, вездесуща, всегда спокойна и невозмутима. Зная ее такой, ты не должен скорбеть» (Бхагавад-Гита II:23-25).

[2] Ин. 14:2.

сферах существуют цвета и звуки, которых нет на Земле. Это прекрасный и уютный мир.

❖ ❖ ❖

Смерть не конец всего, а лишь переход от физических переживаний в плотной сфере изменчивой материи к чистейшей радости, царящей в астральной сфере радужных огней.

❖ ❖ ❖

«Астральный мир бесконечно прекрасен, чист и упорядочен, — сказал Шри Юктешвар. — Здесь нет необитаемых планет или пустынь. Сорняков, бактерий, насекомых, змей — которые так отравляют жизнь на Земле — тоже нет. В отличие от вашей планеты с ее временами года и климатическими поясами, тут вечно сохраняется мягкая весенняя погода — лишь иногда выпадает сияющий снег или дождь, подобный потоку разноцветных огоньков. На астральных планетах есть множество опаловых озер, прозрачных морей и радужных рек».

❖ ❖ ❖

Души в астральном мире облачены в тонкий свет. Они не прикрывают себя костями и плотью. Они не носят тяжелые телесные «футляры», которые ударяются о другие твердые материалы и разбиваются. Поэтому в астральном мире нет войн между человеческим телом и твердыми веществами, океанами, молнией и болезнями. Нет там и несчастных случаев, потому что жизнь в том мире построена не на антагонизме, а на взаимной помощи. Все вибрационные формы пребывают в гармонии друг с другом. Все силы живут в мире, сознательно помогая друг другу. Все души и лучи, по которым они ходят, оранжевые лучи, которые души едят и пьют, — все сотканы из живого света. Души живут во взаимном признании и сотрудничестве и дышат не кислородом, а радостью Духа.

❖ ❖ ❖

«Люди, которые в прежних жизнях были друзьями, легко узнают друг друга и в астральном мире, — сказал Шри Юктешвар. — Они радуются своей бессмертной дружбе и осознают, что любовь воистину неразрушима, а ведь им не раз приходилось сомневаться в этом, проходя через тяжелые испытания иллюзорными земными расставаниями».

❖ ❖ ❖

Почему мы плачем, когда близкие нам люди умирают? Потому что мы горюем о нашей собственной утрате. Если наши близкие оставляют нас ради учебы в лучших школах жизни, мы должны радоваться, вместо того чтобы эгоистично печалиться, ибо так мы их привязываем к Земле и, мысленно передавая им наши эгоистичные желания, препятствуем их духовному продвижению. Господь никогда не повторяется, и с помощью Своей бесконечной волшебной палочки, дарующей обновление в лице Смерти, побуждает каждый сотворенный предмет, каждое живое существо изменять себя и рождаться снова и таким образом становиться более совершенным средством для Его неисчерпаемых проявлений. К добросовестным людям смерть приходит как повышение, а к остальным — как еще одна возможность проявить себя, но уже в другой окружающей среде.

❖ ❖ ❖

Смерть — кульминация жизни. В смерти жизнь ищет отдыха. Она является предвестником самого большого счастья — сладкой свободы от физических страданий. Как сон развеивает усталость и боль натруженного тела, так и смерть автоматически уносит всю телесную боль. Смерть — это пропуск на выход из телесной тюрьмы.

❖ ❖ ❖

Духовно невежественный человек видит в смерти только неприступную стену, навсегда скрывающую от него его дорогих друзей. Но человек, поднявшийся над привязанностями, то есть тот, кто любит других как проявление Бога, понимает, что дорогие ему люди всего лишь вернулись к Господу, чтобы подышать Его радостью.

❖ ❖ ❖

Как прекрасна жизнь после смерти! Вам уже не надо будет тащить на себе этот старый телесный футляр со всеми его проблемами. На астральных небесах вы будете свободны; ничто не будет вас ограничивать.

❖ ❖ ❖

Однажды я уже описал явившееся мне видение об одном умирающем юноше. В этом видении Бог мне показал, каким должно быть отношение к смерти. Юноша был прикован к постели, и врачи сказали, что ему осталось жить один день. На это он ответил: «Всего один день, и я буду у ног моего Возлюбленного! Смерть откроет врата бессмертия, и я выйду из тюрьмы боли! Не плачьте обо мне! Это я должен плакать о вас — ведь вы остаетесь на этом пустынном берегу скорбеть и горевать. Вы плачете горючими слезами, оплакивая меня как свою утрату, а я плачу о вас слезами радости, ибо ухожу прежде вас, чтобы ради вашего благополучия осветить вам путь зажженной свечой мудрости. Я буду ждать вас там, где я буду пребывать с моим Возлюбленным — моим и вашим. О мои дорогие, возрадуйтесь!»[1]

❖ ❖ ❖

Вы никогда не знаете, что будет с вами в этой жизни; вам приходится жить со всеми вашими волнениями и тревогами. Те, кто уже умерли, жалеют и благословляют нас. Так зачем же скорбеть о них? Я сказал об этом одной женщине, которая потеряла сына. Когда я закончил свое объяснение, она вытерла слезы и сказала: «Никогда раньше я не испытывала такого покоя. Как я рада знать, что мой сын свободен! А я-то думала, что он проходит через ужасы».

❖ ❖ ❖

Теряя близкого человека, вы не должны впадать в отчаяние. Осознайте, что он ушел по Божьей воле в более высокие сферы существования; Бог знает, *что* для него лучше. Радуйтесь, что он теперь свободен. Молитесь о том, чтобы ваша любовь и добрые мысли стали ему подспорьем на пути его духовного продвижения. Такое отношение намного полезнее. Конечно же, любому человеку свойственно тосковать по ушедшим близким. Но, чувствуя себя покинутыми, мы все же не хотим, чтобы наша эгоистическая привязанность не давала умершему порвать связь с землей. Наша неизбывная печаль не дает ушедшей душе продвигаться вперед — к более глубокому покою и свободе.

❖ ❖ ❖

[*Печаль утраты имеет свою светлую сторону. И об этом говорил Парамаханса Йогананда на богослужении,*

---

[1] Здесь Парамахансаджи пересказывает свое стихотворение «Божественный ответ умирающего юноши» из книги *Songs of the Soul.*

посвященном памяти Шри Гьянаматы, одной из его самых первых и ближайших учениц, кого он с любовью и уважением называл Сестрой[1]. Здесь мы приводим отрывок из его речи.]

Вчера, когда в моих глазах стояли слезы, кто-то сказал, что я должен радоваться, что Сестра обрела свободу в блаженстве Духа. Я ответил: «Я знаю, что Сестра счастлива. Я знаю, что замечательная глава ее жизни закончена и что боль покинула ее тело. Мой дух сейчас с ее духом в Боге. Эти слезы — слезы любви. Мне ее будет так не хватать на этом берегу».

Этот кроткий и яркий огонь, каким была Сестра, потух у меня на глазах и слился с Великим Пламенем. Это и радостно, и печально. Я радуюсь своей печали, радуюсь тому, что жизнью своей она пробудила столько любви в наших сердцах!

❖ ❖ ❖

Если вы хотите послать свои мысли вашим ушедшим близким, сядьте в тишине и медитируйте на Бога. Когда вы почувствуете в себе Его покой, глубоко сосредоточьтесь на центре Христа[2], центре воли, что находится в точке между бровями, и передавайте свою любовь своим ушедшим близким. В центре Христа мысленно представляйте себе лицо человека, с которым вы хотите говорить. Посылайте этой душе вибрации любви, силы и отваги. Если вы это делаете продолжительное время и при этом не теряете концентрации, та душа обязательно ощутит ваши вибрации. Такие мысли дадут вашим ушедшим близким ощущение благополучия, ощущение, что они любимы. Они о вас не забыли — точно так же, как и вы не забыли о них.

---

[1] См. стр. 48.
[2] См. глоссарий.

❖ ❖ ❖

Посылайте своим ушедшим близким мысли любви и доброй воли всякий раз, когда чувствуете в этом потребность, или хотя бы один раз в год — на какую-нибудь годовщину. Мысленно говорите им: «Когда-нибудь мы встретимся снова и продолжим развивать нашу божественную любовь и дружбу». Если вы будете посылать им свою любовь, когда-нибудь вы действительно встретитесь с ними. Вы познаете, что эта жизнь не конец — она лишь звено в вечной цепи взаимоотношений с дорогими вам людьми.

———◆———

АФФИРМАЦИИ

О Божественная Мать, плаваю ли я на поверхности этой жизни или ухожу под волны смерти, я всегда пребываю в Твоих вечных объятиях.

◆ ◆ ◆

Я буду летать от одной звезды к другой — на этой ли стороне вечности или на той; пробиваться сквозь волны жизни, от атома к атому — порхая со световыми огнями, вращаясь вокруг звезд, кружась посреди людей! Я бессмертен! Я воскресил себя от сознания смерти.

◆ ◆ ◆

Во мне струится вечная жизнь Господа. Я бессмертен. За волной моего сознания скрывается океан Космического Сознания.

Глава 14

Как использовать мысли о бессмертии для пробуждения своего истинного «Я»

[«Если вы сонастроитесь с мыслью о Боге и ударите молотком Истины по гвоздю заблуждения, вы сможете преодолеть неведение. Уничтожьте все мысли о смертности, заменив их мыслью о бессмертии».

— Парамаханса Йогананда

В этой главе, составленной из фрагментов лекций и письменных работ Парамахансы Йогананды, отдельно выделены аффирмации и переживания души — «мысли о бессмертии». С их помощью можно прийти к более полному осознанию Блаженной Вечной Реальности, пронизывающей все мироздание и наполняющей нас.]

И днем и ночью внушайте себе мысли о своей истинной сущности

Неустанно внушайте себе следующую истину:

«Я неизменен; я — Бесконечность. Я не крохотное смертное существо, у которого ломаются кости и умирает тело. Я бессмертная, неизменная Бесконечность».

❖ ❖ ❖

Если пьяный принц, напрочь забывший, кто он есть,

забредет в трущобы и начнет плакаться: «Ах, какой я бедный и несчастный!», его друзья посмеются над ним и скажут: «Пробудись и вспомни, что ты — принц!»

В такой же галлюцинации пребываете и вы, думая, что вы несчастный, обремененный трудностями, беспомощный смертный. Каждый день вы должны садиться в тишине и с глубокой верой утверждать:

«Рождения, смерти нет у меня. Нет касты, матери, отца. Я есть Он, я есть Он — Дух Блаженный, я есть Он. Я есть Счастье без границ».

Если вы будете снова и снова — и днем и ночью — повторять эти мысли, то в конце концов вы осознаете, что являетесь не чем иным, как бессмертной душой.

Отбросьте все ограничивающие мысли, скрывающие ваше истинное «Я»

Разве это не странно, что вы не знаете, кто вы есть на самом деле; не знаете своего истинного «Я»? Вы охарактеризовываете себя многочисленными титулами и званиями, которые применимы лишь к вашему телу и вашей смертной роли... Вы должны отделить все эти титулы от своей души.

«Я мыслю, но я не есть мысль; я чувствую, но я не есть чувство. Я проявляю волю, но я не есть воля».

Что же тогда останется? Ваше истинное «Я», которое осознает свое существование; истинное «Я», которое чувствует свое существование посредством интуиции — абсолютного знания души о том, что она существует.

❖ ❖ ❖

В течение дня вы постоянно используете свое тело, из-за чего вы начинаете отождествлять себя с ним. Но каждую ночь Бог устраняет это ограничивающее заблуждение. Кем вы были в глубоком сне без сновидений прошлой ночью? Были ли вы мужчиной или женщиной, американцем или индусом, богатым или бедным? Ни то, ни другое, ни третье. Чистый Дух — вот кем вы были. В полусверхсознательной свободе глубокого сна Бог отбирает у вас все ваши титулы и звания и дает вам почувствовать, что вы существуете отдельно от тела и всех его ограничений как чистое сознание, пребывающее в необъятном пространстве. Это необъятное пространство и есть ваше истинное «Я».

❖ ❖ ❖

Каждое утро при пробуждении напоминайте себе:

«Я выхожу из состояния внутреннего восприятия своего истинного „Я". Я не тело. Я невидим. Я есть Радость. Я есть Свет. Я есть Мудрость. Я есть Любовь. Я пребываю в иллюзорном теле, в котором мне снится эта земная жизнь; сам же я вечно буду бессмертным Духом».

Осознайте, что ваше истинное «Я» неотделимо от Бога

Высшая мудрость есть Самореализация — знание о том, что душа, ваше истинное «Я», неотделима от Бога. В основе всего сущего лежит Единая Сущность. «О Арджуна! Высшее „Я" в сердцах всех существ — это Я; Я их исток, бытие и конец».

❖ ❖ ❖

Все великие учителя возвещают, что внутри тела сокрыта бессмертная душа, искра Того, Кто поддерживает всю Жизнь. Познавший свою душу познал и эту истину:

«Я простираюсь за пределами всех форм. Я есть звезды. Я есть волны. Я есть Жизнь всего. Я есть смех, изливающийся из каждого сердца. Я есть улыбка, раскрывающаяся в каждом цветке и в каждой душе. Я есть Сила и Мудрость, питающие все мироздание».

Размышляйте, произносите аффирмации и сознавайте свою божественную сущность

Разрушьте стародавнюю ложную мысль о том, что мы лишь хрупкие человеческие существа. Мы должны размышлять, медитировать, произносить аффирмации и ежедневно сознавать, что являемся сынами Божиими.

❖ ❖ ❖

Вы можете сказать: «Это лишь мысль». Но что, в сущности говоря, есть мысль? Все, что вы видите, суть плод идеи. Невидимая мысль делает все вещи реальными. Поэтому, если вы умеете управлять своими мыслями, вы можете сделать видимым все; посредством силы своей концентрации вы можете материализовать все что угодно.

Обучаясь управлять своими мыслями и погружаться умом внутрь себя с помощью техник медитации, данных вам вашим гуру, вы постепенно разовьетесь духовно; ваша медитация станет глубже и ваше невидимое «Я» — ваша душа, образ Бога внутри вас — станет для вас реальностью.

❖ ❖ ❖

Выбросьте из головы все мысли, с которыми вы хотели бы покончить, и замените их конструктивными мыслями. Это ключ к вратам рая, и он — в ваших руках.

Мы есть то, что мы о себе думаем. Измените свое смертное сознание, начав думать о себе не как о смертном, а как о божественном существе.

❖ ❖ ❖

«Я бесконечен. Я безграничен. Я неутомим. Я простираюсь за пределами тела, мысли и слов; за пределами всей материи и разума. Я есть нескончаемое блаженство».

Постоянно внушайте себе божественную истину

Избегайте всех мыслей о человеческих ограничениях: слабости, старости и смерти. Вместо этого постоянно внушайте себе эту истину:

«Я — Бесконечность, ставшая телом. Это тело есть проявление всесовершенного, вечно молодого Духа».

❖ ❖ ❖

Откажитесь от ограничивающих мыслей о слабости или возрасте. Кто сказал, что вы стары? Вы — вечно молодая душа. Внушайте себе эту мысль:

«Я — душа, отражение вечно молодого Духа. Я излучаю молодость, амбиции и силу достичь успеха».

❖ ❖ ❖

Войдите в унисон с Космической Силой. Работаете ли вы на заводе или вращаетесь в сфере бизнеса, вы всегда должны утверждать:

«Во мне кроется Безграничная Творческая Сила. Я не уйду из этой жизни, не украсив ее достижениями. Я Богочеловек, рациональное существо. Я сила Духа, динамического Источника моей души. Я открою новое в сфере бизнеса, в сфере мысли, в сфере мудрости. Я и Отец — одно. Подобно моему Отцу-Созидателю, я могу создавать все, что пожелаю».

❖ ❖ ❖

Уроки SRF учат вас контактировать с Космической Жизнью — океаном космической энергии Бога. Лучше всего извлекать эту энергию непосредственно из внутреннего источника, минуя искусственные возбудители: медицинские препараты, эмоции и так далее. Когда вы научитесь это делать, вы сможете сказать:

«Прямо за этой плотью скрывается сильнейший ток. Однажды я забыл о нем, но, благодаря киркомотыге Самореализации, я обнаружил эту жизненную силу вновь. Я не плоть — я божественный электрический заряд, наполняющий это тело».

Жизненные испытания не могут причинить вред вашей душе

Знайте, что вы бессмертны. Земные испытания не могут вас сокрушить — они предназначены для того, чтобы вы усвоили уроки и явили свою бессмертность с улыбкой на устах. Скажите себе:

«Я бессмертен. Я был направлен в земную школу жизни, чтобы усвоить уроки и вновь обрести бессмертие. Хотя меня и обжигает очищающий огонь земли, я остаюсь душой, которую невозможно уничтожить. Огонь не может меня сжечь, вода не может меня поглотить, ветер не может меня иссушить, атомы не могут меня сокрушить. Я бессмертен: мне снятся уроки бессмертности, которые не могут меня уничтожить, ибо они предназначены для моего развлечения».

❖ ❖ ❖

Вы исполняли разные роли во многих инкарнациях. Но все они были даны вам для того, чтобы развлекать вас, а не устрашать. Ваша бессмертная душа неизменна. В киноленте жизни вы можете и плакать, и смеяться, и играть разные роли, но внутри вы должны постоянно говорить себе: «Я есть Дух». Осознание этой мудрости несет большое утешение.

❖ ❖ ❖

«Я — благословенное дитя сладостного Бессмертия, посланное сюда, чтобы играть в спектакле рождений и смертей, всегда помня о своем бессмертном высшем „Я“. Океан Духа стал крохотным пузыриком моей души. Я не могу умереть, ибо я пузырик жизни, единый с океаном Космического Сознания. Воспаряю ли я в рождении или исчезаю в смерти, я остаюсь нерушимым сознанием, укрытым в лоне бессмертного Духа».

Ничего не бойтесь, ибо вы дитя Божье

Когда вы закрываете глаза в медитации, вы видите широту своего сознания; вы видите, что находитесь в самом центре Вечности. Концентрируйтесь на ней; каждое утро и каждый вечер отводите время на то, чтобы просто закрыть глаза и сказать:

«Я — Бесконечность; я — Его дитя. Волна — проявление океана; мое сознание — проявление великого Космического Сознания. Я ничего не боюсь. Я есмь Дух».

❖ ❖ ❖

Непрестанно сознавайте, что Бог пронизывает все сущее. Сохраняйте равновесие ума и говорите:

«Я бесстрашен. Я сделан из космической субстанции Бога. Я — искра огня Духа. Я — атом Космического Пламени. Я есть клетка вселенского тела моего Отца. Я и Отец — одно».

❖ ❖ ❖

Будьте бесстрашны, всегда помня эту истину:

«В жизни и смерти я вечно пребываю в Боге».

Практикуя техники медитации, вы постепенно придете к этому осознанию. Когда вы входите во внутреннюю тишину медитации, вы освобождаетесь от всех телесных оков. Где же тогда смерть? Где страх? Ничто не может напугать вас. Это то состояние, которого вы ищете. Концентрируйтесь на вибрации Аум, сливайтесь с ней в глубокой медитации. Познав имманентность Бога в Космической Вибрации, вы «придете к Отцу» — Блаженному Сознанию бесконечного, трансцендентного Абсолюта. Тогда вы скажете:

«Я и мой Блаженный Господь — одно. Я обладаю всем во Вселенной. Ни огонь, ни болезнь, ни смерть, ни судный день — ничто не сможет отнять у меня это Блаженство!»

Вы есть Дух: утверждайте свои духовные качества

Постарайтесь помнить и концентрироваться на всех своих прекрасных и положительных качествах, не зацикливаясь на своих недостатках.

❖ ❖ ❖

Йог, твердо стоящий на духовом пути, в моменты гнева всегда должен говорить себе: «Это не я!» Когда самообладание нарушается похотью или обжорством, он должен говорить себе: «Это не я!» Когда ненависть пытается скрыть его истинную сущность под маской отвратительной эмоции, он должен решительно отстраняться от этого переживания, говоря: «Это не я!» Он учится закрывать двери своего сознания перед лицом всех незваных гостей, которые хотят там поселиться. И если с таким верующим нехорошо обходятся, он чувствует, как внутри него трепещет божественный дух прощения и любви. Тогда он может уверенно возвестить: «Вот это — я! Это моя истинная сущность».

Йогическая медитация — это процесс взращивания и укрепления осознания своей истинной природы посредством духовных и психофизических методов и законов. Благодаря этому процессу на место ограниченного эго

— загрязненного наследственного сознания человека — приходит сознание души.

❖ ❖ ❖

Дорогие мои, пусть никто не называет вас грешником. Вы дети Господа; Он сотворил вас по Своему образу и подобию. Отрицать этот образ — значит совершать величайший грех против себя самого. Вместо этого скажите себе:

«Даже если мои грехи глубоки как океан и высоки как горы, я по-прежнему несокрушим, ибо я есть Сам Дух».

❖ ❖ ❖

Вы есть Свет и Радость

Тьма может царствовать в пещере тысячи лет, но внесите туда огонь, и она рассеется, словно ее никогда и не было. Аналогично этому, неважно, какие у вас были недостатки, — если вы зажгли в себе свет доброты, они вам уже не принадлежат. Свет души настолько велик, что многие инкарнации зла не в состоянии разрушить его. Но вами же сотворенная тьма делает душу несчастной, потому что вы страдаете в этой тьме. Вы можете развеять ее, открыв в глубокой медитации свой духовный глаз и наполнив свое сознание светом, открывающим все истины.

Никто другой не сможет вас спасти. Вы обретете спасение, когда осознаете эту истину:

«Я есть Свет. Тьма никогда не была частью меня; ей никогда не удастся утаить свет моей души».

❖ ❖ ❖

Забудьте о кошмарном сне своих ограничений. Перед сном, а также при пробуждении утверждайте:

«Я есть сын Божий, подобно Иисусу и всем великим Мастерам. Я не буду прятаться от Господа за завесой неведения. Я буду искриться мудростью и очищать свое духовное восприятие, дабы принять в себе Его совершенный свет. Узрев Его свет, я познаю, что я есть и всегда был сыном Божьим, сотворенным по образу и подобию Отца».

❖ ❖ ❖

«Я буду Божьим дитя вечно. Я сильнее любых своих испытаний. Все свои прошлые ошибки я могу нейтрализовать благими поступками и медитацией. Я уничтожу их. Я бессмертен — во веки веков».

❖ ❖ ❖

Медитируйте каждую ночь, пока вы не избавитесь от всех мирских мыслей и желаний. Отстранитесь от всех беспокойных мыслей и чувств и войдите в храм своей души — туда, где таится безграничная радость Господа, охватывающая все мироздание, — и вы осознаете, что лишь Он один реален. Тогда вы сможете сказать:

«Я един с вечным светом Господа и вечной радостью Христа. Во мне бушуют волны всего мироздания. Я растворил волну своего тела в океане Духа. Я стал океаном Духа. Я больше не являюсь телом. Дух мой спит в камнях. Я вижу сны в цветах и пою устами птиц. Я мыслю в человеке — а в сверхчеловеке сознаю, что я реален».

В этом состоянии вы осознаете, что огонь не может вас сжечь; что земля, вода и небеса состоят с вами в кровном родстве. Вы ходите по земле как душа: вы больше не боитесь бурных волн мироздания.

Вы есть любовь

«Мой Небесный Отец есть любовь, и я сотворен по Его образу и подобию. Я есть сфера любви, в которой мерцают все планеты, все звезды, все существа и все мироздание. Я есть любовь, пронизывающая всю Вселенную».

❖ ❖ ❖

Когда вы ощутите эту божественную любовь, вы уже не будете видеть разницы между цветком и чудовищем; между одним человеком и другим. Вы будете едины с природой и сможете дарить свою любовь всем. Созерцая всех как детей Господних, как своих братьев и сестер, вы скажете:

«Бог есть мой Отец. Я — часть Его творения. Я люблю всех, ибо все существа мне родные. И я также люблю брата Солнце и сестру Луну, и каждое творение, в котором трепещет жизнь моего Отца».

❖ ❖ ❖

«Я приглашаю всех людей — смуглых, белых, черных, желтых и красных — в обитель моего сердца, дабы жить с ними как с братьями и сестрами, рожденными на земле от общих предков, Адама и Евы, и рожденными в Духе от Небесного Отца.
Я чувствую кровное родство с землей, водой, огнем,

воздухом и эфиром; в моих венах течет та же жизнь, что и во всех других формах жизни. Я окутываю любовью всех животных, все растения, все атомы и всю энергию, ибо я есть Любовь в храме моей жизни; я есть сама Жизнь».

❖ ❖ ❖

«Ты есть То»

Джняна, или достоверное знание, — это постижение душой истины: *«Ахам Брахмасми»* («Я есть Брахма»), которая в иной интерпретации звучит так: *«Тат твам аси»* («Ты есть То»). Человек, сидящий в удобной позе для медитации и направляющий пранический поток в *Кутастху* (центр в межбровье), занимается истинной *тапасьей* — духовной дисциплиной, практикой, задействующей внутреннюю божественную силу.

❖ ❖ ❖

Когда вы выходите за пределы осознания этого мира, вы постигаете, что вы не тело и не ум, и при этом как никогда четко осознаете, что вы существуете. Именно это божественное сознание — то, что вы есть на самом деле. Вы есть То, в чем берет начало все во Вселенной.

❖ ❖ ❖

Разрушьте барьеры ограничений, отделяющие вашу душу от Духа.

Кто я — океан? Нет, он слишком мал —
Лишь капелька росы на травинке небосклона.

Кто я — небосклон? Нет, он слишком мал —
Лишь озеро в лоне безбрежья.
Кто я — безбрежная вечность? Нет, она мала,
Ибо выражена словом.
В невыразимых сферах люблю я пребывать,
За пределами всех снов, имен, идей.
Я есть то, чем был всегда и буду
В бесконечном прошлом,
Необъятном будущем,
Нескончаемом сейчас.

Глава 15

Всепоглощающая цель

Испокон веков человек постоянно ищет «нечто особенное», надеясь, что оно принесет ему полное и нескончаемое счастье. Но для тех, кто искал и нашел Бога, этот поиск закончился. Бог и есть то самое Нечто Особенное.

❖ ❖ ❖

Многие люди сомневаются в том, что поиск и обретение Бога могут быть целью жизни, но каждый согласится, что цель жизни — найти счастье. Я могу засвидетельствовать: Бог — это и есть Счастье. Он есть Благодать. Он есть Любовь. Он есть Радость, которая никогда не покинет вашу душу. Так почему бы не попробовать обрести это Счастье? Никто не сможет вам его дать. Вы должны неустанно взращивать его в себе.

❖ ❖ ❖

Даже если бы жизнь вдруг дала вам все, о чем вы когда-либо мечтали, — богатство, власть, друзей — через некоторое время вы опять почувствовали бы неудовлетворенность и захотели бы большего. Но есть нечто, которое никогда не приедается, — сама радость. Счастье, восхитительное в своем разнообразии и неизменное по своей сути, представляет собой тот внутренний опыт, которого ищет каждый человек. Бог и есть эта нескончаемая, всегда новая радость. Найдя эту радость внутри, вы найдете ее повсюду. В Боге вы откроете для себя море вечного, нескончаемого Блаженства.

❖ ❖ ❖

Допустим, вы наказаны: вам не разрешают спать, а вы отчаянно нуждаетесь в отдыхе. И тут вам говорят: «А теперь можешь идти спать». Представьте, какую радость вы бы испытали, прежде чем уснуть! Так вот, умножьте эту радость в миллион раз! И это все равно не сможет описать ту радость, которую человек чувствует при слиянии с Богом.

❖ ❖ ❖

Божья радость безгранична, неиссякаема и всегда нова. Ни тело, ни ум — ничто не может нарушить ваш покой, когда вы пребываете в этом сознании. Такова благодать и слава Господни. И Он объяснит вам все, чего вы не могли понять раньше, и все, что вы хотите познать.

❖ ❖ ❖

Когда вы погружаетесь в тишину глубокой медитации, внутри вас, безо всякой на то внешней причины, начинает закипать радость. Радость медитации всепоглощающа. Те, кто никогда не погружался в тишину истинно глубокой медитации, не знают, что такое настоящая радость.

❖ ❖ ❖

Когда вы направляете ум и чувство внутрь себя, вы начинаете чувствовать радость Бога. Удовольствия, получаемые от внешнего восприятия, длятся недолго, а Божья радость нескончаема. Она ни с чем не сравнима.

Находите время для Бога

В этой жизни есть время для всего, но растрачивать свое время в ущерб своему истинному счастью в высшей степени неразумно. Я отбросил все свои маловажные занятия, чтобы только иметь возможность медитировать и искать Бога, для того чтобы день и ночь жить в Его Божественном Сознании.

❖ ❖ ❖

Лишь немногие знают, как много мы можем получить от жизни, если будем правильно и мудро ею распоряжаться. Давайте беречь свое время. Многие жизни угасают до того, как мы пробуждаемся, и поэтому мы не осознаем ценности бессмертного времени, данного нам Богом.

❖ ❖ ❖

Не тратьте времени впустую. Многие люди занимаются несущественными делами. Спроси их, что они делали, и они вам скажут: «О, да у меня каждая минута была занята!» А чем занимались — даже и вспомнить не могут.

❖ ❖ ❖

В любой момент вы можете быть отозваны с этой земли; вам придется отменить все дела. Зачем же тогда придавать первостепенное значение тем занятиям, которые отнимают у вас время, предназначенное для Бога? Это неблагоразумно. Это все *майя,* сети космической иллюзии, наброшенные на нас для того, чтобы мы запутались в мирских делах и забыли о Господе.

❖ ❖ ❖

Вера в то, что в первую очередь необходимо удовлетворять малые желания и выполнять малые обязанности, является самым большим заблуждением человека. Я хорошо помню, как в период обучения у моего гуру Свами Шри Юктешвара я каждый день давал себе обещание: «Завтра я буду медитировать дольше». Прошел целый год, прежде чем я осознал, что все еще продолжаю откладывать намеченное. Тогда я принял твердое решение, что каждый день первым делом буду совершать утренний туалет, а затем долго медитировать. Но и это не помогло: как только я начинал двигаться, повседневные обязанности и занятия сразу же поглощали все мое внимание. В итоге я принял окончательное решение, что первым делом всегда буду медитировать. Таким вот образом я усвоил одну очень важную вещь: сперва я должен выполнять мою обязанность перед Богом, и лишь потом — все остальные.

❖ ❖ ❖

Очень важно проводить различие между необходимостью и просто желанием, прихотью. Ваши нужды можно по пальцам пересчитать, а желания могут быть безграничны. Для того чтобы обрести свободу и Блаженство, удовлетворяйтесь только самым необходимым. Перестаньте создавать безграничные желания и попадать в западню ложного счастья.

❖ ❖ ❖

— Какая молитва самая лучшая? — спросил ученик.

Парамаханса Йогананда ответил:

— Говорите Господу: «Прошу Тебя, скажи мне: в чем воля Твоя?» Не говорите Ему: «Я хочу это, я хочу то». Просто верьте, что Он знает, что вам нужно. И вы увидите, что вам приходит гораздо больше благ, когда *Он* выбирает для вас.

❖ ❖ ❖

Если вам не удалось заполучить безделушку, о которой вы так долго мечтали, не обижайтесь на Бога. Иногда это хорошо, что мы не получаем того, чего хотим. Когда Божественный Отец видит, что Его импульсивные дети готовы прыгнуть в пламя ложных или излишних желаний, будучи привлечены их блеском, Он пытается защитить их от погибели.

Бог говорит: «Когда Мои дети думают, что они не получают от Меня ответа на свои молитвы, они не ведают, что на самом деле Я отвечаю — только не так, как они этого ожидают. До тех пор пока они не достигнут совершенства, Я буду отвечать на их просьбы лишь время от времени. А их желания будут руководствоваться мудростью только тогда, когда они достигнут совершенства».

❖ ❖ ❖

Нет ничего неправильного в том, что вы просите что-то у Бога. Но вы проявите более твердую веру, если просто скажете Ему: «Отец Небесный, я знаю, что Тебе ведомы наперед все мои нужды. Обеспечь меня согласно Твоей воле».

Если человек очень хочет, к примеру, иметь машину и молится об этом достаточно искренне, он ее получит. Но машина вполне может оказаться не самой важной для него вещью. Иногда Господь отвергает наши скромные прошения, потому что Он намеревается одарить нас бо́льшим. Больше доверяйте Богу. Верьте: Кто вас сотворил, Тот вас и обеспечит.

❖ ❖ ❖

Бог доказал мне, что, когда Он со мной, все так называемое необходимое для жизни становится излишним. В таком сознании вы становитесь более здоровым и радостным, чем обычный человек, и процветаете во всех отношениях. Не ищите малого — оно уводит вас от Бога. Начните свой эксперимент сейчас: упростите свою жизнь и станьте царем.

❖ ❖ ❖

Обычный человек находится под воздействием окружающей среды. Человек концентрации направляет свою жизнь сам. Он планирует свой день, и в конце дня он видит, что все его планы выполнены и он стал ближе к Богу и к своей цели. Слабый человек планирует много прекрасных дел, но в конце дня он обнаруживает, что стал жертвой обстоятельств и плохих привычек. Такой человек обычно винит кого и что угодно, но только не себя.

Помните: в своих трудностях вы должны винить только себя самого. Если вы примете решение, что будете контролировать обстоятельства согласно духовному закону, все обстоятельства будут складываться соответствующим образом. В какой-то момент вам все равно придется научиться вести управляемое существование.

❖ ❖ ❖

Вы властелин каждого мгновения своей жизни.

❖ ❖ ❖

Как только вы говорите себе: «Сегодня я наконец найду время для медитации», *сразу же садитесь и медитируйте* — хотя бы несколько минут. На следующий день примите решение медитировать чуть дольше. И на последующий день сделайте еще большее усилие — даже если появятся неблагоприятные обстоятельства.

❖ ❖ ❖

Вы познаете Бога только тогда, когда в вашем сознании будет жить чувство, что Он вам абсолютно необходим. Не дайте жизни обмануть вас. Выработайте у себя те хорошие привычки, которые приведут вас к истинному счастью. Потребляйте простую здоровую пищу, тренируйте свое тело и медитируйте каждый день — что бы ни случилось, какими бы ни были обстоятельства. Если у вас нет возможности медитировать и делать упражнения утром, делайте это вечером. Каждый день молитесь Ему: «Господи, пусть даже я умру, пусть даже весь мир обрушится, но я все равно найду время, чтобы каждый день быть с Тобой».

❖ ❖ ❖

Минуты более важны, чем годы. Если вы не будете наполнять минуты своей жизни мыслью о Боге, незаметно пройдут годы. И когда Он будет вам особенно нужен, может случиться так, что вы не сумеете ощутить Его присутствие. Если же вы будете наполнять устремленностью к Божественному минуты своей жизни, ею будут автоматически наполняться целые годы.

Практикуйте Божье присутствие

Радость таится в неустанной мысли о Боге. Жажда по Нему должна быть постоянной. Придет время, когда ваш ум уже не будет блуждать и никакая боль тела, ума или души, какой бы сильной она ни была, не сможет отвести ваше внимание от живого Божьего присутствия. Это ли не прекрасно — жить, думая о Боге, постоянно ощущать Его и пребывать в замке Его присутствия, где ни смерть, ни что-либо еще не смогут лишить вас Его?

❖ ❖ ❖

За завесой ваших речей, ваших мыслей, любви вашего сердца, вашей силы воли, а также за завесой ощущения своего «Я» стоит великий дух Бога. Для тех, кто думает, что Он далеко, Он далеко. А для тех, кто думает, что Он близко — Он близко. Бхагавад-Гита говорит: «Кто видит Меня везде и все видит во Мне, тот никогда не теряет Меня из виду, и

Я не теряю из виду его» [1]. Господь никогда не подводит нас.

❖ ❖ ❖

Мы говорим, что Бог для нас невидим, но в действительности Он видим в колоссально проявленном мироздании. Бог — это абсолютно всё, а не что-то отдельное.

❖ ❖ ❖

Когда вы смотрите на мир, который кажется таким цельным и реальным, всегда помните, что его нужно воспринимать как застывшую мысль Бога, принявшую разнообразные физические формы. Вы можете приучать свой ум к такому восприятию постепенно — каждый день по-разному. Всякий раз, когда вы наблюдаете чудесный закат, думайте про себя: «Это Бог раскрашивает небо». Когда вы смотрите на человека, думайте про себя: «Это Бог принял форму этого человека». Применяйте такое мышление по отношению ко всему: «Кровь в моих венах — это Бог; мое благоразумие — это Бог; любовь в моем сердце — это Бог; все сущее — это Бог».

❖ ❖ ❖

Йога — это искусство делать все с осознанием Бога. Ваш ум должен быть укреплен в Боге не только во время медитации, но и во время работы. Если, занимаясь делами, вы преследуете цель порадовать Бога, ваше занятие соединяет вас с Богом. Поэтому не думайте, что вы можете найти Бога только в медитации. Бхагавад-Гита учит, что медитация и благоразумная деятельность одинаково важны. Если вы думаете о Боге во время исполнения всех своих мирских дел, вы мысленно соединяетесь с Ним.

---

[1] Бхагавад-Гита VI:30.

❖ ❖ ❖

Когда вы трудитесь не для себя, а для Бога, это так же благотворно, как и медитация. Тогда работа помогает медитации, а медитация помогает работе. Вам необходимо равновесие. Если вы только медитируете, вы становитесь ленивым. Если вы занимаетесь только активной деятельностью, ум становится мирским и вы забываете о Боге.

❖ ❖ ❖

Делать что-то для Бога — это очень личное переживание, приносящее огромное удовлетворение.

❖ ❖ ❖

Если вы настойчиво и бескорыстно исполняете каждое дело с вдохновенной мыслью о Боге, Он придёт к вам. И вы осознаете, что вы есть Океан Жизни, который стал крохотной волной каждой отдельной жизни. Таким вот образом Бог познаётся через активную деятельность. Если вы будете думать о Нём перед началом любого дела, во время его исполнения и по его окончании, Бог явит вам Себя. Вы должны работать, но самое лучшее проявление преданной любви — это когда вы даёте Богу работать через вас. Когда вы будете постоянно думать, что это Он ходит вашими ногами, Он работает вашими руками, Он вершит все дела через вашу волю, — вот тогда вы познаете Его.

❖ ❖ ❖

Чем бы вы ни занимались, вы всегда можете мысленно шептать Богу слова любви до тех пор, пока сознательно не получите от Него ответ. Это самый надёжный способ установить контакт с Богом в безумной спешке современной жизни.

❖ ❖ ❖

Мысленный шепот, обращенный к Богу, лучше всего помогает вашему духовному развитию. Вы увидите в себе перемены, и они вам очень понравятся. Что бы вы ни делали, Бог всегда должен быть в вашем сознании. Замечали ли вы, что, когда вы чего-то очень сильно хотите, — сходить на концерт или купить платье или машину, которые вам понравились, — ваш ум постоянно (и неважно, чем вы занимаетесь) занят мыслью о том, как бы это сделать? Пока вы не удовлетворите свое неотступное желание, ваш ум не успокоится — он будет неустанно работать над осуществлением этого желания. Превратите свои мелкие желания в одно огромное желание, одну единственную страсть — жажду Бога. Ваш ум должен постоянно шептать: «День и ночь, день и ночь я ищу Тебя, Отец. День и ночь, день и ночь я ищу Тебя, Отец» [1].

❖ ❖ ❖

Стержнем нашей жизни должен стать именно такой философский подход: не завтра, а сегодня — прямо сейчас! Нет оправдания тому, чтобы не думать о Боге. И днем и ночью на заднем плане вашего ума должна вращаться только одна мысль: «Боже! Боже! Боже!» — вместо денег, вместо секса, вместо славы. Моете ли вы посуду, копаете ли яму, работаете ли в офисе или в саду — что бы вы ни делали, всегда внутренне говорите: «Господи, откройся мне! Ты же здесь. Ты в солнце. Ты в траве. Ты в воде. Ты в этой комнате. Ты в моем сердце».

❖ ❖ ❖

Каждая мысль, возникающая у нас в уме, имеет особую

---

[1] Слова из песни *Door of my Heart* (рус. *Дверца сердца моего*). — Парамаханса Йогананда. *Cosmic Chants*.

вибрацию. Когда вы внутренне говорите: «Боже!», многократно повторяя эту мысль, образуется вибрация, притягивающая к вам Бога.

❖ ❖ ❖

Когда ваш ум блуждает в лабиринте мирских мыслей, терпеливо возвращайте его к памяти о Господе, живущем внутри вас. И со временем вы обнаружите, что Он всегда с вами — Бог, Который говорит с вами на вашем языке; Бог, Который выглядывает из каждого цветка, куста и каждой травинки. И тогда вы скажете: «Я свободен. Я окутан прозрачным шелком Духа; между небом и землей я летаю на крыльях света». И все ваше существо наполнится великой радостью!

Как установить отношения с Богом

— Мне кажется, что постоянно думать о Боге не так уж и практично, — заметил один посетитель храма.

Мастер ответил:

— Мир с вами соглашается, но можете ли вы сказать, что мир — это счастливое место? Истинная радость избегает человека, оставившего Бога, потому что Бог — это Само Блаженство. На земле преданные Ему люди живут в раю внутреннего покоя, а те, кто позабыл о Нем, проводят свои дни в созданной ими же преисподней разочарования и страха перед незащищенностью. «Подружиться» с Богом как раз и означает быть по-настоящему практичным!

❖ ❖ ❖

Старайтесь сблизиться с Богом. Его можно знать так же, как вы знаете своего самого дорогого друга. И это правда.

❖ ❖ ❖

Прежде всего, вы должны иметь ясную концепцию Бога — конкретное представление, через которое вы можете установить с Ним отношения, — и только после этого вы должны приступать к медитации и молиться до тех пор, пока ваше мысленное представление о Боге не станет живым Его восприятием.

❖ ❖ ❖

Некоторые люди воображают, будто Творец насылает на человека дым невежества и огонь наказания и жестоко осуждает его. Этим они искажают истинное понятие о Боге и придают любящему, сострадательному Небесному Отцу ложный образ тирана — сурового, непреклонного и злопамятного. Но те, кто общается с Богом, знают, что глупо думать о Нем иначе, чем как о Милосердном Существе, Которое есть Безграничное Вместилище всей любви и всего блага.

❖ ❖ ❖

Бог есть Вечное Блаженство. Его естество — это любовь, мудрость и радость. Он и личный, и безличный, и Он проявляет Себя как Ему угодно. Святым Он являет Себя в той форме, которая близка каждому из них: христианин видит Христа, индуист — Кришну или Божественную Мать и так далее. Те, чье поклонение имеет безличную форму, осознают Бога как негасимый Свет или чудодейственный звук *Аум* — Изначальное Слово, Святой Дух. Самое возвышенное переживание, доступное человеку, — это ощущение такого блаженства, которое несет в себе все черты Божественного: любовь, мудрость, бессмертие.

Но как я могу описать словами естество Бога? Он неописуем и невыразим. Только в глубокой медитации вы можете познать Его уникальную сущность.

Доказательство Божьего ответа

— Сэр, мне кажется, что я не наблюдаю прогресса в своих медитациях. Я ничего не вижу и не слышу! — сказал начинающий ученик.

Мастер ответил:

— Ищи Бога ради Него Самого. Высшее восприятие — это когда ты ощущаешь Его как блаженство, исходящее из твоих бездонных глубин. Не нужно гнаться за видениями, духовными феноменами или захватывающими переживаниями. Путь к Божественному — это не цирк!

❖ ❖ ❖

Самая распространенная причина духовного разочарования кроется в ожидании того, что ответ Бога придет в ослепительном сиянии внутреннего просветления, вызывающего благоговейный трепет. Это ошибочное представление притупляет восприятие тонких Божественных откликов, которые появляются с самого начала медитативной практики. Бог отвечает на каждое усилие богоискателя, на каждый его душевный порыв. Даже будучи новичком, вы осознаете это во время своих поисков, если научитесь распознавать Его как тихий внутренний покой, который заполняет ваше сознание. Этот покой — первое доказательство Божьего присутствия внутри вас. Вы поймете, что это Он вдохновил вас принять какое-то верное решение в вашей жизни. Вы почувствуете, как Его сила поддерживает ваши силы, которые вам нужны для преодоления плохих привычек и взращивания духовных качеств. Вы познаете Его как постоянно растущее чувство радости и любовь, которые исходят глубоко изнутри и вливаются в вашу повседневную жизнь и в ваши отношения с людьми.

❖ ❖ ❖

Чем глубже ваш покой во время медитации, тем ближе вы становитесь к Богу. Он приближается к вам по мере углубления вашей медитации. Медитативный покой — это язык Бога и Его утешающее объятие. Бог восседает на троне покоя внутри вас. Найдя Его там, вы найдете Его во всех своих благородных жизненных исканиях, в верных друзьях, в красоте природы, в хороших книгах, в позитивных мыслях и благородных устремлениях. Познав Бога как внутренний покой, вы осознаете Его и как покой, присущий гармонии всего мироздания.

❖ ❖ ❖

— Хотя я и пытаюсь успокоить свой ум, мне все равно не удается избавиться от беспокойных мыслей и проникнуть во внутренний мир, — сказал посетитель храма. — Должно быть, я недостаточно преданно люблю Бога.

— Сидение в тишине с целью почувствовать любовь и преданность зачастую никуда не ведет, — ответил Мастер. — Именно поэтому я и обучаю научным методам медитации. Практикуйте их, и тогда вы сумеете отключить свой ум от чувств и ощущений, которые вас отвлекают и вызывают нескончаемый поток мыслей.

Когда человек практикует *Крийя-йогу*[1], его сознание начинает функционировать на более высоком плане, и тогда в его сердце рождается любовь и преданность к Бесконечному Духу.

❖ ❖ ❖

Неотъемлемым доказательством того, что вы достигли

[1] См. глоссарий.

Самореализации, то есть осознали Бога внутри себя, является ощущение истинного, безусловного счастья. Когда в медитации вы испытываете всевозрастающую радость, когда эта радость нескончаема, знайте: Бог проявляет в вас Свое Присутствие.

❖ ❖ ❖

Даже истинные богоискатели иногда думают, что Бог не отвечает на их молитвы. В действительности Он отвечает безмолвно — используя Свои законы. Но Он не будет отвечать открыто и не будет говорить с верующим, пока полностью не удостоверится в его любви и преданности. Повелитель вселенных настолько кроток, что Он не будет говорить, чтобы только не повлиять на право выбора богоискателя принять Его или отвергнуть. Однажды познав Его, вы непременно Его полюбите. Кто же может устоять перед Тем, перед Кем невозможно устоять? Но для того чтобы познать Его, вы должны доказать Ему, что ваша любовь бескорыстна. Вы должны иметь веру. Вы должны знать, что, когда вы молитесь, Он слышит вас. Тогда Он явит вам Себя.

❖ ❖ ❖

Если Бог не отвечает на ваши молитвы, то только потому, что вы не искренни. Если вы воздаете Ему сухие подобия молитв, то не стоит даже и надеяться, что они привлекут внимание Небесного Отца. Ваша молитва дойдет до Бога, если только вы настойчивы, упорны и глубоко искренны. Очистите свой ум от всего негативного — страха, беспокойства, гнева — и наполните его добрыми, светлыми мыслями и радостным ожиданием. В святилище вашего сердца должна царить лишь одна сила, одна радость и один покой — Бог.

Личный элемент в поиске Бога

В поиске Бога есть один элемент личного характера, который важнее самого высокого мастерства в искусстве йоги: Небесный Отец желает удостовериться в том, что Его дети жаждут только Его и на меньшее они не согласны. Когда Господь видит, что Он не занимает главное место в сердце богоискателя, Он отступает в сторону. Но к тому, кто говорит: «Господи, мне неважно, буду ли я спать ночью — главное, чтобы Ты был со мной!», Он непременно придет. Правитель мироздания выйдет из-за бесчисленных завес этого таинственного мира и покажет, что Он стоит за каждой из них. Он говорит с истинными богоискателями и играет с ними в прятки. Иногда тому, кто о чем-то тревожится, Он открывает утешающую правду. И в нужное время, прямо или косвенно, Он исполняет каждое желание преданного Ему верующего.

❖ ❖ ❖

Чтобы убедить Бога явить Себя, вы должны иметь неослабное рвение. И никто вас не научит этому рвению — вы должны взрастить его сами. Вы можете привести лошадь к воде, но не сможете заставить ее пить. Когда же лошади хочется пить, она сама усердно ищет воду. Так вот, когда вы будете ощущать нестерпимую жажду по Богу, не придавая чрезмерной важности ничему другому — ни испытаниям мира, ни испытаниям тела, — вот тогда Он и придет.

❖ ❖ ❖

Самый главный фактор успеха в ваших отношениях с Богом — это ваше непреклонное желание.

❖ ❖ ❖

Хотя Бог и слышит все наши молитвы, Он не всегда отвечает. Подобное случается с ребенком, который зовет мать, а та считает, что нет необходимости приходить. Она дает ему игрушку, чтобы он не плакал. Но когда ребенок отказывается от всех утешений и жаждет лишь присутствия матери, она приходит к нему. Если вы хотите познать Бога, вы должны вести себя как упрямый ребенок, который плачет до тех пор, пока мать не придет.

❖ ❖ ❖

Не останавливайтесь после одной или двух мысленных трансляций в эфир. Продолжайте взывать к Богу осознанно, с неустанным рвением и усиливающейся жаждой сердца, пока не почувствуете нарастающую радость, переходящую в ликование, наполняющее все ваше существо.

❖ ❖ ❖

Если вы почувствовали в сердце и во всем теле всплеск ликующей радости, если эта радость будет нарастать и после медитации, это означает, что вы получили прямое доказательство того, что Бог ответил вам по «радиоприемнику» вашего сердца, настроенному на Него преданной любовью.

❖ ❖ ❖

В Нем вы найдете любовь всех сердец. В Нем вы найдете полную удовлетворенность. Все, что мир вам дает, а потом забирает, оставляя вас у разбитого корыта, вы найдете в Боге и преумноженным во сто крат. И не будет больше печали.

❖ ❖ ❖

Он — самый близкий из всех близких, самый дорогой из всех дорогих. Любите Его, как скупец любит деньги, как пылкий юноша любит свою возлюбленную, как утопающий любит воздух. Когда вы затоскуете по Нему всем сердцем и душой, Он придет к вам.

❖ ❖ ❖

Искатель Сердец жаждет одного — вашей искренней любви. Он как ребенок: кто-то предложит Ему целое состояние — Он его не захочет; а другой лишь воззовет к Нему: «Господи, я люблю Тебя!», и Он тут же побежит в сердце этого верующего.

❖ ❖ ❖

Бог не станет говорить, что вы должны жаждать Его больше, чем что-либо другое, потому что Он хочет, чтобы вы отдали Ему свою любовь добровольно и без подсказки. В этом и есть весь секрет игры этого мира. Тот, кто нас сотворил, жаждет нашей любви. Он хочет, чтобы мы дарили ее не задумываясь и не по Его просьбе. Наша любовь — это единственное, чем Бог не владеет, пока мы не решимся ее отдать. Поэтому, как видите, даже у Бога есть устремление — получить нашу любовь. И до тех пор пока мы ее не отдадим, мы никогда не будем счастливы.

❖ ❖ ❖

Самая большая любовь, которую только можно испытать, познается в единении с Богом во время медитации. Любовь между душой и Духом — это совершенная любовь, любовь, которую ищут все. Во время медитации чувство любви нарастает. Миллионы волнующих ощущений проходят через ваше сердце. Если вы будете медитировать глубоко, однажды вас охватит такое чувство любви, которое не поддается описанию, и вы познаете Его Божественную любовь и сможете дарить эту чистую любовь другим.

❖ ❖ ❖

Если бы вы смогли почувствовать хотя бы частичку Божественной любви, ваша радость была бы такой великой, такой могучей — словно океан! — и вы не смогли бы ее сдержать.

❖ ❖ ❖

Когда мы сонастроены с Богом, наше восприятие становится безграничным и мы проникаем в океанский поток Божественного Присутствия. Когда Дух познан и когда мы познаем себя как Дух, тогда нет земли и неба, моря и суши — всё есть Он. Растворение всего и вся в Духе — это состояние, которое невозможно описать словами. В нем ощущается великое блаженство — вечная полнота радости, знания и любви.

❖ ❖ ❖

Божья любовь, любовь Духа, всепоглощающа. Стоит вам однажды ее испытать, и она будет вести вас к сфере бесконечного — все дальше и дальше. Никто не сможет отобрать у вашего сердца эту любовь. Она будет пылать, и в этом пламени вы обнаружите великий магнетизм Духа, который будет притягивать к вам людей и все, что вы желаете или в чем истинно нуждаетесь.

Я искренне говорю вам, что получил ответы на все свои вопросы — и не от человека, а от Бога. Он *есть*. Он *есть*. Это Его дух говорит с вами через меня. Это о Его любви я говорю. О, нескончаемый трепет! Его любовь, как ласковый ветерок, обнимает душу. И это чувство растет день ото дня, неделя за неделей, год за годом — и нет этому конца. И это именно то, что вы ищете, — каждый из вас. Вы думаете, что вам хочется человеческой любви и процветания, но за ними стоит Небесный Отец, Который зовет вас. И вы найдете Его, если осознаете, что Он есть нечто большее, чем все Его дары.

◆ ◆ ◆

Человек приходит на землю лишь для того, чтобы обрести знания и умения, необходимые для познания Бога — другой причины нет. Таково истинное послание от Господа. Всем тем, кто ищет и любит Его, Он рассказывает о прекрасной Жизни, где нет ни боли, ни старости, ни войны, ни смерти — только вечная радость. В той Жизни ничто не подвержено разрушению. Там царит счастье, которое никогда не потускнеет, — всегда новое счастье. Оно неописуемо.

Именно поэтому стоит искать Бога. Его найдет каждый, кто искренне Его ищет. Его найдут те, кто хочет любить Бога и жаждет войти в Его Царство, и те, кто всем сердцем желает познать Его. Вы должны испытывать постоянно усиливающуюся жажду Бога — и днем и ночью. Он ответит на вашу любовь исполнением Своего векового обещания, и вы познаете вечное счастье и вечную радость. Всё есть свет, всё есть радость, всё есть мир и покой, всё есть любовь. Он есть Всё.

МОЛИТВЫ И АФФИРМАЦИИ

Научи меня находить Тебя на алтаре неизменного покоя и в радости, обретенной в глубокой медитации.

❖ ❖ ❖

Благослови меня, чтобы я мог находить Тебя в храме каждой мысли и каждого действия. Найдя Тебя внутри, я найду Тебя и вовне — во всех людях и во всех обстоятельствах.

Об авторе

«В жизни Парамахансы Йогананды в полной мере проявился идеал любви к Богу и служения человечеству... Хотя большую часть своей жизни Йогананда провел за пределами Индии, он все же занимает особое место среди наших великих святых. Плоды его работы продолжают расти и сияют все ярче, привлекая людей всего мира на путь духовного паломничества».

(Из сообщения индийского правительства, посвященного выпуску памятной марки в честь Парамахансы Йогананды в день 25-летней годовщины его *махасамадхи*)

Парамаханса Йогананда родился в Индии 5 января 1893 года. Он посвятил свою жизнь служению людям всех рас и вероисповеданий, помогая им осознать и полнее выразить в своей жизни истинную красоту, благородство и божественность человеческого духа.

По окончании Калькуттского университета в 1915 году Парамаханса Йогананда принял монашеский обет древнейшего Ордена Свами. Двумя годами позже он приступил к главному труду своей жизни — духовному наставничеству, основав йогическую школу («how-to-live» school). Сегодня во всей Индии насчитывается более двадцати учебных заведений такого рода, где традиционные школьные предметы сочетаются с практикой йоги и воспитанием духовных идеалов. В 1920 году Йогананду пригласили на Международный конгресс религиозных либералов в Бостоне в качестве представителя от Индии. Его выступление на конгрессе и последовавшие за ним лекции в городах Восточного побережья США были приняты с огромным энтузиазмом, и в 1924 году он отправился в трансконтинентальное лекционное турне.

На протяжении трех последующих десятилетий

Парамаханса Йогананда вносил неоценимый вклад в распространение на Западе теоретических и практических знаний о духовной мудрости Востока. В 1920 году он основал религиозную организацию, объединяющую людей разных конфессий, — общество Self-Realization Fellowship — и разместил ее главный международный центр в Лос-Анджелесе. Написав множество трудов, совершив ряд больших лекционных турне и основав многочисленные храмы и медитационные центры SRF, он сумел познакомить тысячи искателей истины с древней философией йоги и ее универсальными методами медитации.

В наши дни духовная и гуманитарная работа, начатая Парамахансой Йоганандой, продолжается под руководством брата Чидананды, президента Self-Realization Fellowship/Yogoda Satsanga Society of India. Помимо издания письменных трудов Йогананды, его лекций, неформальных бесед и всеобъемлющей серии уроков для домашнего изучения, общество курирует работу храмов, ретритов, медитационных центров и монашеских общин Self-Realization Fellowship, а также Всемирного круга молитвы.

Профессор лингвистики колледжа Скриппс, доктор Куинси-Хау младший, освещая в своей статье жизнь и труд Парамахансы Йогананды, писал о нем: «Парамаханса Йогананда не только поведал Западу о возможности постижения Бога, но и показал практический метод, при помощи которого духовные искатели разных мировоззрений могут быстро продвигаться к этой цели. Духовное наследие Индии, изначально воспринимавшееся Западом как нечто абстрактное и недосягаемое, стало доступным в виде практики и личного опыта для всех тех, кто стремится познать Бога — не по ту сторону, а здесь и сейчас... Самый возвышенный метод созерцания Йогананда сделал доступным для всех».

Жизнь и учения Парамахансы Йогананды описаны в его «Автобиографии йога». В октябре 2014 года вышел отмеченный наградами документальный фильм о жизни и работе Парамахансы Йогананды — *Awake: The Life of Yogananda.*

Парамаханса Йогананда, йог в жизни и смерти

Парамаханса Йогананда вошел в состояние *махасамадхи* (окончательный уход из тела, сознательно совершаемый йогом) 7 марта 1952 года в Лос-Анджелесе, Калифорния, после того как произнес речь на банкете в честь посла Индии в США Биная Р. Сена.

Великий мировой Учитель продемонстрировал ценность йоги (научной техники постижения Бога) не только своей жизнью, но и смертью. В течение многих недель после кончины лицо его сияло божественным светом нетленности.

Гарри Т. Роув, начальник морга в мемориальном парке Форест-Лоун, Лос-Анджелес (куда было временно помещено тело великого Мастера), послал в общество Self-Realization Fellowship нотариально заверенное письмо, где, в частности, говорится:

«На теле Парамахансы Йогананды не наблюдается никаких признаков разложения, и это уникальный случай в нашей практике... Никаких свидетельств физического распада не было даже через двадцать дней после смерти... Никаких видимых следов тления на коже, никаких признаков высыхания тканей. Как работник морга, по долгу службы изучавший специальные архивы подобных заведений, могу заявить, что это — совершенно беспрецедентный случай... Когда тело Йогананды было доставлено в морг, наши работники ожидали увидеть привычные признаки физического распада. Но с каждым днем наше изумление росло: никаких видимых изменений не происходило. Становилось очевидно, что мы имеем дело с феноменальным случаем: тело Йогананды не подвергалось тлению... Не исходил от тела и запах тлена... 27 марта, когда мы закрыли гроб Йогананды бронзовой крышкой, его тело выглядело точно так же, как и 7 марта — в ночь его смерти.

Итак, 27 марта у нас не было оснований говорить о том, что на теле этого человека проявились хоть какие-то признаки распада. Таким образом, повторяю, случай Парамахансы Йогананды не имеет прецедентов в нашей практике».

ЦЕЛИ И ИДЕАЛЫ
Self-Realization Fellowship

как их сформулировал его основатель Парамаханса Йогананда
брат Чидананда, президент

Распространять среди народов мира знание об определенной технике обретения прямого личного контакта с Богом.

Учить, что цель жизни состоит в эволюции сознания — расширении ограниченного человеческого, смертного сознания до Божественного Сознания путем работы над собой. С этой целью создавать во всем мире храмы Self-Realization Fellowship для общения с Богом и поощрять создание личных Божьих храмов в домах и сердцах всех людей.

Раскрыть полную сочетаемость и сущностное единство изначального христианского учения, каким его принес в мир Иисус Христос, и изначального учения йоги, каким его принес в мир Бхагаван Кришна. Показать, что истины, изложенные в этих учениях, являются общей научной основой всех истинных религий.

Указать людям единую божественную дорогу, к которой в конечном счете ведут пути всех истинных религий, — дорогу ежедневной, вдохновенной научной медитации на Бога.

Освободить людей от триединого страдания: физических болезней, дисгармонии ума и духовного неведения.

Поощрять «простую жизнь и высокое мышление»; распространять дух братства среди всех людей и народов, раскрывая им вечную основу их единства — их родство с Богом.

Продемонстрировать превосходство ума над телом и превосходство души над умом.

Преодолевать зло добром, печаль — радостью, жестокость — добротой, неведение — мудростью.

Воссоединить науку с религией путем осознания единства принципов, лежащих в их основе.

Всячески способствовать культурному и духовному взаимопониманию между Востоком и Западом и поощрять взаимный обмен их наилучшими достижениями.

Служить человечеству как своему Высшему «Я».

Парамаханса Йогананда
«Автобиография йога»

Эта знаменитая автобиография представляет собой блестящий портрет одного из самых выдающихся духовных деятелей нашего времени. Подкупая своей искренностью и неподражаемым чувством юмора, Парамаханса Йогананда ярко описывает вдохновляющие события своей жизни: неординарные переживания детства; встречи с мудрецами и святыми в пору юношества, когда он ездил по Индии в поисках просветленного учителя; десять лет духовного обучения в ашраме под руководством глубоко почитаемого мастера йоги и тридцать лет духовного наставничества в Америке. Он также запечатлел свои встречи с Махатмой Ганди, Рабиндранатом Тагором, Лютером Бербанком, католической стигматисткой Терезой Нойман и другими знаменитыми духовными личностями Востока и Запада.

«Автобиография йога» представляет собой одновременно увлекательнейший рассказ о совершенно необыкновенной жизни и основательное введение в древнюю науку йоги с ее освященной веками традицией медитации. Автор четко объясняет тонкие, но неизменно действующие законы, стоящие как за обыкновенными событиями повседневной жизни, так и за необыкновенными, которые принято называть чудесами. Захватывающее повествование об удивительной жизни перетекает в проникновенный и незабываемый экскурс в глубочайшие тайны человеческого бытия.

Будучи классическим произведением духовного жанра, эта книга переведена на более чем 60 языков и широко используется в колледжах и университетах в качестве авторитетного справочника. «Автобиография йога» — как неизменный бестселлер со дня своего появления в печати более шестидесяти лет назад — нашла путь к сердцам миллионов читателей со всего мира.

«Исключительно ценная работа»

— *The New York Times*

«Очаровательное, снабженное исчерпывающими комментариями исследование»

— *Newsweek*

«Ни на английском, ни на каком-либо другом европейском языке йога еще никогда не была представлена подобным образом»

— *Columbia University Press*

Книги Парамахансы Йогананды
на русском языке

Издательство Self-Realization Fellowship

Доступны на сайте www.srfbooks.org и в других книжных интернет-магазинах

«Автобиография йога»

«Вечный поиск»
Первый том собрания лекций, эссе и неформальных бесед Парамахансы Йогананды

«Как говорить с Богом»
Характеризуя Бога как трансцендентного всеобъемлющего Духа, Отца, Мать, Друга и всеобщего Возлюбленного, Парамаханса Йогананда показывает, насколько близок Господь к каждому из нас, а также объясняет, как сделать молитвы настолько интенсивными и убедительными, чтобы они смогли принести ощутимый ответ от Бога

«Научные целительные аффирмации»
В этой книге Парамаханса Йогананда представляет основательное разъяснение науки аффирмации. Он доступно объясняет, почему аффирмации эффективны, а также каким образом задействовать силу слова и мысли не только с целью исцеления, но и для привнесения желаемых перемен во все сферы жизни. В книге, помимо прочего, содержится огромное многообразие аффирмаций

«Метафизические медитации»
Более трехсот вдохновенных медитаций, одухотворенных молитв и аффирмаций Парамахансы Йогананды

«Религия как наука»

По словам Парамахансы Йогананды, в каждом человеке живет неотвратимое желание преодолеть все страдания и обрести неиссякаемое счастье. Объясняя, каким образом можно утолить это желание, он в то же время говорит об относительной эффективности разнообразных подходов, применяемых для достижения этой цели

«Закон успеха»

В этой книге Парамаханса Йогананда разъясняет динамические принципы достижения целей

«Внутренний покой»

Практичное и вдохновляющее руководство, основу которого составляют выдержки из лекций и печатных трудов Парамахансы Йогананды. Эта книга рассказывает о том, как стать «активно спокойным» посредством медитации и «спокойно активным» посредством сосредоточения на безмятежности и радости нашей внутренней сущности, живя при этом динамичной и сбалансированной жизнью, несущей удовлетворение

«Высказывания Парамахансы Йогананды»

Мудрость Парамахансы Йогананды, запечатленная в его чистосердечных, проникнутых любовью наставлениях всем тем, кто приходил к нему за духовным руководством

«Жить бесстрашно»

Парамаханса Йогананда объясняет, как сломить оковы страха и преодолеть психологические преграды, стоящие на нашем пути. Книга «Жить бесстрашно» ярко демонстрирует, какими мы можем стать, если просто лишь поверим в божественность нашей подлинной сущности — души.

«Быть победителем в жизни»

В этой замечательной книге Парамаханса Йогананда рассказывает, как достичь высочайших жизненных целей, раскрыв свой безграничный внутренний потенциал. Он дает практические советы по достижению успеха, описывает эффективные методы обретения неувядаемого счастья, а также учит, как преодолеть пессимизм и инерцию путем использования динамической силы собственной воли.

«Почему Бог допускает зло»

В книге «Почему Бог допускает зло» Парамаханса Йогананда раскрывает тайны *лилы* — Божественного спектакля жизни. Его комментарии даруют утешение и силы, которые так необходимы во времена испытаний. Читатель поймет, почему Господь задумал двойственную природу мира, в которой переплетены добро и зло, а также узнает, как можно возвыситься над самыми сложными обстоятельствами.

Издания Self-Realization Fellowship на английском языке

Autobiography of a Yogi

God Talks With Arjuna:
The Bhagavad Gita
— A New Translation and Commentary

The Second Coming of Christ:
The Resurrection of the Christ Within You
— A Revelatory Commentary on the Original Teachings of Jesus

The Yoga of the Bhagavad Gita

The Yoga of Jesus

The Collected Talks and Essays

Volume I: **Man's Eternal Quest**

Volume II: **The Divine Romance**

Volume III: **Journey to Self-realization**

Wine of the Mystic:
The Rubaiyat of Omar Khayyam
— A Spiritual Interpretation

Songs of the Soul

Whispers from Eternity

Scientific Healing Affirmations

In the Sanctuary of the Soul:
A Guide to Effective Prayer

The Science of Religion

Metaphysical Meditations

Where There Is Light
— Insight and Inspiration for Meeting Life's Challenges

Sayings of Paramahansa Yogananda

Inner Peace:
How to Be Calmly Active and Actively Calm

Living Fearlessly
— Bringing Out Your Inner Soul Strength

The Law of Success

How You Can Talk With God

Why God Permits Evil and How to Rise Above It

To Be Victorious in Life

Cosmic Chants

Аудиозаписи
Парамахансы Йогананды

Beholding the One in All

The Great Light of God

Songs of My Heart

To Make Heaven on Earth

Removing All Sorrow and Suffering

Follow the Path of Christ, Krishna, and the Masters

Awake in the Cosmic Dream

Be a Smile Millionaire

One Life Versus Reincarnation

In the Glory of the Spirit

Self-Realization: The Inner and the Outer Path

Другие издания
Self-Realization Fellowship

The Holy Science
— Swami Sri Yukteswar

Only Love:
Living the Spiritual Life in a Changing World
— Sri Daya Mata

Finding the Joy Within You:
Personal Counsel for God-Centered Living
— Sri Daya Mata

Intuition:
Soul Guidance for Life's Decisions
— Sri Daya Mata

God Alone:
The Life and Letters of a Saint
— Sri Gyanamata

"Mejda":
The Family and the Early Life of Paramahansa Yogananda
— Sananda Lal Ghosh

Self-Realization
(журнал, основанный Парамахансой Йоганандой в 1925 году)

DVD-фильм

Awake: *The Life of Yogananda*
Фильм производства CounterPoint Films
Каталог всех печатных изданий, а также аудио- и видеозаписей
Self-Realization Fellowship доступен на сайте www.srfbooks.org.

Бесплатный ознакомительный материал

Крийя-йога и другие научные техники медитации, которым обучал Парамаханса Йогананда, а также его руководство по всем аспектам сбалансированной духовной жизни представлены в серии уроков для домашнего изучения — *Self-Realization Fellowship Lessons*. Если вы желаете запросить бесплатный ознакомительный материал по *Урокам SRF*, пожалуйста, посетите веб-сайт www.srflessons.org.

Глоссарий

Аватар (avatar). Божественная инкарнация, или воплощение; от санскритского слова *avatara* (*ava* — вниз, *tri* — проходить); тот, кто обретает единство с Духом, а затем возвращается на землю, чтобы помогать человечеству.

Астральный мир (astral world). За пределами физического мира, мира материи, существуют тонкие миры: астральный мир — мир света и энергии, и каузальный мир — мир идей и мыслей. Каждое живое существо, каждый предмет и каждая вибрация на физическом плане имеет своего астрального двойника. Астральная вселенная (небеса) есть матрица физической Вселенной. Освободившись от физического тела в момент смерти, каждый индивидуум остается облаченным в одеяние астрального тела света (напоминающего оставленную им физическую форму) и каузального тела, состоящего из идей. Так он входит в один из многих вибрационных регионов астрального мира [«В доме Отца Моего обителей много» (Ин. 14:2)]. Там он продолжает свое духовное развитие в условиях большей свободы, присущей этому тонкому миру. Он остается в астральном мире на определенный, кармически обусловленный период времени, а затем снова рождается на земле. (См. *реинкарнация*.)

Аум (Ом) (Aum, Om). Санскритское слово, символизирующее аспект Бога как Творца и Вседержителя; Космическая Вибрация. У тибетцев ведический *Аум* стал священным словом *Хам*; у мусульман — *Амин*; у египтян, греков, римлян, евреев и христиан — *Амен* или *Аминь*. Мировые религии утверждают, что все сотворенное рождается в космической вибрационной энергии *Аум* (*Аминь*, Слово, Святой Дух). «В начале было Слово, и Слово было у Бога, и Слово было Бог… Все чрез Него начало быть, и без Него ничто не начало быть, что начало быть» (Ин. 1:1,3).

Амен на иврите означает *несомненный, достоверный*. «Так говорит Аминь, свидетель верный и истинный, начало создания Божия» (Откр. 3:14). Подобно тому, как вибрационный звук говорит о работе мотора, вездесущий звук *Аум* является достоверным свидетельством работы «Космического Мотора», который своей вибрационной энергией поддерживает всю жизнь и каждую частицу мироздания. В *Уроках Self-Realization Fellowship* Парамаханса Йогананда обучает техникам медитации, практика которых позволяет услышать Бога как *Аум*, или Святой Дух. Это благословенное общение с невидимой Божественной Силой («Утешитель же, Дух Святый» [Ин. 14:26]) является истинно научной основой молитвы.

Бабаджи (Babaji). См. *Махаватар Бабаджи*.

Божественная Мать (Divine Mother). Аспект Бога, который активен в Творении, — *шакти*, или сила Трансцендентного Творца. Этот аспект Божественного имеет и другие имена: Природа (*Пракрити*), *Аум*, Святой Дух, Разумная Космическая Вибрация, а также Мать или Матерь как личный аспект Бога, олицетворяющий Его любовь и сострадание. Индуистские писания учат, что Бог имманентен и в то же время трансцендентен, Он Существо и личное, и безличное. Он может восприниматься как Абсолют; или как одно из Его непреходящих качеств, таких как любовь, мудрость, блаженство, свет;

или как Небесный Отец, Божественная Мать, Божественный Друг.

Бхагавад-Гита (Bhagavad Gita). «Песнь Господня», индуистское священное писание, состоящее из восемнадцати глав, взятых из эпического сказания *Махабхарата*. Представленная в форме диалога между *аватаром* (Господь Кришна) и его учеником (Арджуна) накануне исторической битвы при Курукшетре, Бхагавад-Гита является глубоким трактатом о науке йоги (науке единения с Богом) и вечным рецептом счастья и успеха в повседневной жизни. Об этом универсальном писании Махатма Ганди сказал: «Тот, кто медитирует на Гиту, всегда найдет в ней новый смысл и радость. Нет такого духовного «запутанного клубка», который Гита не могла бы распутать».

Цитаты из Бхагавад-Гиты в тексте и примечаниях этой книги даются в переводе Парамахансы Йогананды. Иногда они переведены с санскрита буквально, а иногда они перефразированы.

Бхагаван Кришна (Bhagavan Krishna). *Аватар*, живший в древней Индии задолго до нашей эры. Одно из значений санскритского слова *Кришна* в индуистских писаниях — «Всеведущий Дух». Поэтому слово *Кришна*, как и слово *Христос*, — это духовный титул, обозначающий божественное величие аватара — его единение с Богом. (См. *Христово Сознание*.) Титул *Бхагаван* означает «Господь».

Гуру (guru). Духовный учитель. Слово «гуру» часто используется неправильно, когда им называют любого учителя или инструктора. Истинный, Богом просветленный гуру — это тот, кто обрел власть над самим собой и осознал свое единство с вездесущим Духом. Только такой гуру обладает надлежащей духовной квалификацией для того, чтобы вести богоискателя по дороге к Господу.

Духовное око (spiritual eye). Единый глаз интуиции и вездесущего восприятия, расположенный в центре Христа (*Кутастха*), в точке между бровями (*аджна-чакра)*; ворота в наивысшие состояния божественного сознания. Иисус говорил о божественном свете, который можно увидеть при сосредоточении на духовном оке: «Светильник тела есть око; итак, если око твое будет чисто, то и все тело твое будет светло. Итак, смотри: свет, который в тебе, не есть ли тьма?» (Лк. 11:34-35).

Жизненная энергия (life force). См. *прана*.

Жизнетроны (lifetrons). См. *прана*.

Йог (yogi). Тот, кто практикует йогу. Он/она может состоять или не состоять в браке и может жить в миру или в монастыре.

Йога (yoga). (Санскр. yuj). Букв. «единение». Йога — это единение души с Духом, а также методы, с помощью которых достигается это единение. Существуют различные виды йогических методов. Метод, которому обучает общество Self-Realization Fellowship, называется *Раджа-йога* — царственная, или совершенная, йога. Этой йоге учит Господь Кришна в *Бхагавад-Гите*.

Мудрец Патанджали, древний толкователь Йоги, выделил восемь ступеней, ведущих практикующего *Раджа-йогу* к единению с Богом, а именно: (1) *яма*, нравственное поведение; (2) *нияма*, соблюдение религиозных предписаний; (3) *асана*, правильная поза для достижения неподвижности тела; (4) *пранаяма*, контроль над *праной*, тонкими жизненными токами; (5) *пратьяхара*, самоуглубление; (6) *дхарана*, мысленная концентрация; (7) *дхьяна*, медитация; и (8) *самадхи*, состояние сверхсознания.

Йогода Сатсанга (Yogoda Satsanga Society of India [YSS]). Индийское название общества, основанного Парамахансой Йоганандой. Буквально «Индийское Общество Йогода Сатсанга». Оно было основано в 1917 году. Его главный центр, «Йогода-Мат», расположен на берегу Ганга в Дакшинешваре, неподалеку от Калькутты; его филиал находится в Ранчи, штат Джаркханд. В ведении общества Йогода Сатсанга находятся не только центры медитации во всех частях Индии, но и более двадцати образовательных учреждений — от начальной школы до колледжа. Слово *Йогода*, придуманное Парамахансой Йоганандой, происходит от слов «йога» (единение, гармония, равновесие) и «да» (который дает). *Сатсанга* означает «божественный союз», или «союз с Истиной». Для Запада Парамахансаджи перевел индийское название своего общества как «Self-Realization Fellowship».

Карма (karma). Последствия действий в этой или прошлых жизнях; от санскритского *kri* — «делать». Уравновешивающий закон кармы, изложенный в индуистских священных писаниях, — это закон действия и противодействия, причины и следствия, сеяния и пожинания. В рамках закона естественной праведности каждый человек формирует свою судьбу своими мыслями и действиями. Та энергия, которую он сам — благоразумно или по собственному невежеству — запускает в действие, должна вернуться к нему как к своей исходной точке, подобно тому, как круг неизбежно замыкает самого себя. Понимание кармы как закона справедливости помогает освободить человеческий разум от обид на Бога и человека. Карма неотделима от человека и следует за ним из одной инкарнации в другую до тех пор, пока она не будет отработана или преодолена духовно. (См. *реинкарнация*.)

Космическое Сознание (Cosmic Consciousness). Абсолют, Дух, пребывающий за пределами вибрационного мироздания. Кроме того, этот термин означает достигаемое в медитации состояние *самадхи,* когда происходит единение с Богом как внутри вибрационного мироздания, так и за его пределами.

Крийя-йога (Kriya Yoga). Священная духовная наука, родившаяся в Индии много тысячелетий назад. Она включает в себя определенные техники медитации, регулярная практика которых приводит к постижению Бога. *Крийя-йога* — одна из форм *Раджа-йоги* («царственная», «совершенная» йога), которую превозносят Господь Кришна в Бхагавад-Гите и мудрец Патанджали в *Йога-сутрах.* В современной эпохе *Крийя-йога* была возрождена Махаватаром Бабаджи, великим святым, который избрал Парамахансу Йогананду для того, чтобы сделать эту священную науку доступной для всего мира и основать общество, которое сохраняло бы ее в чистой форме для будущих поколений. Суть *Крийя-йоги* объясняется в книге «Автобиография йога» (гл. 26). Технике *Крийя-йоги* обучают тех учеников общества Self-Realization Fellowship, которые выполнили определенные духовные требования при изучении Уроков SRF.

Кришна (Krishna). См. *Бхагаван Кришна.*

Лахири Махасайя (Lahiri Mahasaya [1828 – 1895]). Шьяма Чаран Лахири. *Лахири* — семейное имя, санскритское слово *Махасайя* — религиозный титул, означающий «широко мыслящий». Лахири Махасайя был учеником Махаватара Бабаджи и стал гуру Свами Шри Юктешвара (который в свою очередь стал гуру Парамахансы Йогананды). Именно ему Бабаджи открыл древнюю, почти забытую науку *Крийя-йоги*. Будучи главной фигурой в возрождении йоги в современной Индии, он обучал и благословлял приходящих к нему бесчисленных богоискателей, независимо от их кастовой принадлежности и религии. Лахири Махасайя был христоподобным Учителем, наделенным чудотворными способностями, но при этом он имел профессиональные обязанности и был семейным человеком. Его миссия заключалась в распространении йоги, адаптированной для современного человека, то есть йоги, в которой медитация уравновешивается добросовестным выполнением мирских обязанностей. Жизнь Лахири Махасайи описана в «Автобиографии йога».

Майя (maya). Заложенная в структуру мироздания космическая иллюзия, из-за которой Единое Целое представляется множеством. *Майя* — это принцип относительности, контрастности, двойственности, перестановки, противоположности; это Сатана (ивр. — «противник») в Ветхом Завете и дьявол, которого Иисус образно назвал «убийцей» и «лжецом», «ибо нет в нем истины» (Ин. 8:44).

Шри Йогананда писал:

«На санскрите слово *майя* буквально означает „измеритель“. *Майя* — это магическая сила в мироздании, из-за которой в Неизмеримом и Нераздельном возникает видимость ограничений и деления. *Майя* — это сама Природа: феноменальные миры, непрерывно изменяющиеся, в противоположность Божественной Неизменности.

Единственная функция Сатаны (то есть *майи*) в Божественном замысле-игре (*лиле*) состоит в том, чтобы отвлекать человека от Духа к материи, от Реальности к ирреальному. „Сначала диавол согрешил. Для сего-то и явился Сын Божий, чтобы разрушить дела диавола" (1Ин. 3:8). А это значит, что проявление Христова Сознания в человеке легко разрушает все иллюзии или „дела диавола".

Майя — это покров преходящих состояний в Природе, бесконечного рождения новых форм; это покров, который каждый человек должен отбросить, чтобы увидеть за ним Творца, Неизменяемое Неизменное, вечную Реальность.

Во сне человек способен создавать и материю, и сознание, поэтому он в состоянии понять и то, что Дух, используя силу *майи*, создал для человека жизнь-сновидение, или сознательное существование, которое по сути так же эфемерно и не соответствует реальности, как и переживания человека во сне... Человеку в его смертном аспекте видятся контрасты и противоположности: жизнь и смерть, болезнь и здоровье, счастье и печаль. Когда же в нем пробуждается сознание души, все дуальности исчезают, и он познает себя как вечный блаженный Дух".

Махаватар Бабаджи (Mahavatar Babaji). Бессмертный *махаватар* («великий *аватар*», «Божественное Воплощение»), который в 1861 году посвятил в *Крийя-йогу* своего ученика Лахири Махасайю и таким образом возродил в мире забытую на протяжении многих веков духовную науку. Более подробное описание его христоподобной жизни и духовной миссии можно найти в «Автобиографии йога». См. *аватар*.

Медитация (meditation). Концентрация на Бога. В широком смысле этот термин обозначает выполнение любой техники для углубления внимания и фокусирования его на каком-либо аспекте Бога. В узком же смысле он обозначает конечный результат успешного выполнения таких техник — прямое восприятие Бога посредством интуиции. Медитация — седьмая ступень (*дхьяна*) в Восьмиступенчатом Пути йогической системы Патанджали; йог способен практиковать ее путем такой концентрации внутреннего внимания, при которой он полностью отстраняется от отвлечений, исходящих из внешнего мира. В самой глубокой медитации йог достигает *самадхи*, последней ступени Восьмиступенчатого Пути йоги. См. *йога*.

Парамаханса (Paramahansa). Духовный титул, означает «тот, кто обрел состояние необратимого единства с Богом»; присваивается ученику его истинным гуру. Свами Шри Юктешвар присвоил этот титул своему возлюбленному ученику Йогананде в 1935 году. Буквально «Парамаханса» означает «высочайший лебедь». В индуистских священных писаниях лебедь является символом духовного распознавания.

Прана (prana). Энергия жизни или жизненная сила; разумная энергия, по своей структуре более тонкая, чем атомная энергия; жизненная основа физического космоса и основная субстанция астрального мира. В физическом мире существует два вида *праны*: (1) вездесущая во Вселенной космическая вибрационная энергия, образующая структуру всех физических объектов и поддерживающая их существование; (2) специфическая *прана,* или энергия, пронизывающая каждое человеческое тело и поддерживающая в нем жизнь.

Реинкарнация (reincarnation). Учение о том, что человек, подчиненный закону эволюции, будет рождаться на Земле снова и снова — в последовательно более высоких жизнях — до тех пор, пока не достигнет единения с Богом и осознания своего истинного «Я» (Самореализации). Эволюция человека либо замедляется в результате неправильных действий и желаний, либо ускоряется благодаря духовным усилиям. Но преодолев в конечном счете ограничения и несовершенства смертного сознания, душа навсегда освобождается от вынужденной необходимости рождаться вновь. «Побеждающего сделаю столпом в храме Бога Моего, и он уже не выйдет вон» (Откр. 3:12).

Концепция реинкарнации существует не только в восточной философии; во многих древних цивилизациях она являлась основополагающей жизненной истиной. Ранняя христианская церковь признавала закон реинкарнации, который был истолкован гностиками и многочисленными отцами церкви, включая Климента Александрийского, Оригена и святого Иеронима. Однако в 553 году н.э. Вторым Константинопольским Собором теория реинкарнации была официально изъята из церковных учений. В наше время многие западные мыслители начинают принимать теории кармы и реинкарнации, видя в них законы справедливости, лежащие в основе кажущегося неравенства в жизни.

Самадхи. Состояние экстатического блаженства; переживание состояния сверхсознания; состояние единения с Богом как с Высшей Реальностью. (См. *сверхсознание* и *йога*.)

Самореализация (Self-realization). Парамаханса Йогананда дал следующее определение Самореализации как осознания своего истинного Я: «Самореализация — это знание телом, умом и душой, что мы едины с вездесущностью Бога и нам не нужно молиться о ней; что она не просто рядом с нами в каждый миг нашей жизни, но что вездесущность Бога — это наша собственная вездесущность и мы сейчас — такая же частица Бога, какой будем всегда. Нам нужно лишь усовершенствовать это знание».

Сверхсознание (superconsciousness). Чистое, интуитивное, всевидящее, всегда блаженное сознание души. Иногда это слово употребляется как общий термин по отношению ко всем стадиям *самадхи*, переживаемым в медитации, но в узком смысле относится к первой стадии, когда йог выходит в своем сознании за пределы эго и осознает себя как душу, сотворенную по образу Божьему. Далее следуют высшие стадии осознания Бога: Христово Сознание и Космическое Сознание.

Уроки SRF (Self-Realization Fellowship Lessons). Учения Парамахансы Йогананды собраны во всеохватывающую серию уроков для домашнего изучения и доступны богоискателям всех стран мира. В этих Уроках даются техники йогической медитации Парамахансы Йогананды, а также техника *Крийя-йоги* (она дается тем, кто прошел начальный курс духовного обучения). За информацией об *Уроках SRF* обратитесь в главный международный центр SRF.

Христово Сознание (Christ Consciousness). «Христос», или «Христово Сознание», суть спроецированное сознание Бога, присущее вибрационному мирозданию. Оно же Единородный Сын в Библии, единственно чистое отражение Бога Отца во всем сущем. В индуистских священных писаниях Христово Сознание известно как *Кутастха Чайтанья* (Космический Разум Бога, вездесущий в мироздании). Это то универсальное, единое с Богом Сознание, которое проявили Иисус, Кришна и другие аватары. Великие святые и йоги знают его как состояние *самадхи*, в котором сознание становится единым с разумом каждой частицы мироздания; они ощущают Вселенную как свое собственное тело.

Центр Христа (Christ center). *Кутастха,* или *аджна-чакра* в межбровье, полярно соединенная с продолговатым мозгом; центр воли, мысленной концентрации и Христова Сознания; духовное око.

Шри Юктешвар, Свами (Sri Yukteswar, Swami [1855 – 1936]). Христоподобный духовный мастер современной Индии; гуру Парамахансы Йогананды; автор «Святой науки», книги-трактата об основополагающем единстве христианских и индуистских священных писаний. Парамаханса Йогананда с любовью описал жизнь Шри Юктешварджи в «Автобиографии йога».

Эгоизм (egoism). Эго-принцип, или *ахамкара* (букв. «я делаю») есть корень дуализма, кажущегося разделения между человеком и его Творцом. *Ахамкара* уводит человеческий род в западню *майи* (космической иллюзии), в результате чего душа ошибочно отождествляет себя с телесным сознанием и его ограничениями и забывает о своем единстве с Богом, Единственным Исполнителем. См. «Я».

Я (Self). С заглавной буквы означает *атман* (душа, божественная суть человека, высшее «Я»); с маленькой буквы — обычное «я», то есть человеческая личность, эго. Высшее «Я» есть отдельная частица Духа, сущностная природа которого — вечно существующее, вечно сознательное, всегда новое Блаженство. Высшее «Я», то есть душа, является внутренним источником мира и покоя, любви, мудрости, сострадания, мужества и других божественных качеств в человеке.

Названия на английском языке

Self-Realization Fellowship (SRF). Общество, основанное Парамахансой Йоганандой в США в 1920 году; в Индии оно было основано еще раньше — в 1917 году, и известно там как Yogoda Satsanga Society of India. Это общество призвано распространять во всем мире во благо человечеству духовные принципы и техники медитации *Крийя-йоги*. Главный международный центр общества расположен в Лос-Анджелесе, штат Калифорния. Парамаханса Йогананда объяснил, что название общества означает «союз с Богом через Самореализацию (осознание своего истинного «Я») и дружба со всеми искателями Истины».

Self-Realization Fellowship Lessons. См. *Уроки SRF*.

Yogoda Satsanga Society of India (YSS). См. Йогода Сатсанга.